Lam

Land unterm Osser

Lam

Land unterm Osser

BUCH & KUNSTVERLAG OBERPFALZ

Die Deutsche Bibliothek - CIP-Einheitsaufnahme

Lam : Land unterm Osser / Peter Rohrbacher. - Amberg :
Buch- und Kunstverl. Oberpfalz, 1996
  ISBN 3-924350-49-3
NE: Rohrbacher, Peter

© 1996 bei Buch & Kunstverlag Oberpfalz
Wernher-von-Braun-Str. 1 · 92224 Amberg

ISBN 3-924350-49-3

Texte: Peter Rohrbacher
Bildnachweis: Rohrbacher (49), Moser (15), Bergbauer (12),
Dr. Aschenbrenner (4), Brand (2), Jäger (1), Bartoszyk (1), Spitta (1),
Rotzal (1), Archiv VA, Bayer. Hauptstaatsarchiv, Plansammlung 1427 (1)

Herstellung: Druckhaus Oberpfalz

Inhalt

Lam mit Hohem Bogen. Eingebettet in das
Tal des Weißen Regen, wurde aus einem
versteckten Walddorf einer der führenden
Fremdenverkehrsorte im Bayerischen Wald.

Zwischen Bergen
und Wäldern

Der Lamer Winkel ist heute der Inbegriff naturnahen Erlebens an der offenen Grenze Bayerns zu Böhmen. Menschen, Landschaft und Geschichte klingen selten so harmonisch zusammen wie hier im Herzen des Bayerischen Waldes.

Lam – Land unterm Osser – dieses Buch ist Stimmungsbild eines Ortes, es zeigt Charakteristika einer zauberhaften Landschaft zwischen Bergen und Wäldern. Aus Texten und Bildern steigt eine Landschaft aus Vergangenheit und Gegenwart auf. Es sind die Zusammenhänge zwischen Kultur, Wirtschaft und Lebensqualität, die einem Lam näherbringen

Dieses Buch hilft, das Land unterm Osser persönlicher zu erleben. Der eine oder andere wird bald entscheiden, ob es sich lohnt, hier zu leben oder Urlaub zu machen und immer wieder hierher zu kommen.

Allen, die an diesem umfassenden Portrait Lams mitgewirkt haben, ein Dankeschön von ganzem Herzen.

Peter Rohrbacher

Das heutige Traditionsbewußtsein der Lamer Bürger ist das Ergebnis ereignisreicher Jahrhunderte zwischen einem Leben als freie Bauern, Bergbau, Glasindustrie und den Anfängen des Fremdenverkehrs. In Mythen und Sagen werden Erinnerungen an Pest und Feuersbrunst, Krieg und Verwüstung, aber auch die Gefahren des Waldes wachgehalten. In Kirchen, Kapellen und Flurdenkmälern manifestiert sich die Religiosität im Lamer Winkel. Unsere Zeit setzt neue Akzente, die auf ein ökologisches Bewußtsein gründen. Als einer der größten Gefahren für Natur und Landschaft hat man dem Massentourismus in Lam das Handwerk gelegt. 1995 wurde die Ökoregion Lam–Lohberg ausgerufen; ein Projekt, das hoffentlich Schule machen wird.

In vielen Punkten steht Lam beispielhaft für die kulturgeschichtliche Entwicklung einer ganzen Reihe von Fremdenverkehrsorten im Bayerischen Wald. Was vorliegendes Buch jedoch hervorhebt, ist das Unverwechselbare des Lamer Winkels in Wort und Bild. Es ist jedem eine Freude, der mehr über seine Heimat oder seinen Urlaubsort wissen möchte. Dem Autor gebührt im Namen der Bürger Lams mein aufrichtiger Dank.

Klaus Bergbauer
Bürgermeister Markt Lam

*Die älteste Bayerisch-Böhmische Grenzkarte aus dem
Jahr 1514 zeigt am Gipfel des Kleinen Osser eine
Burganlage. Steckt also doch ein Körnchen Wahrheit
an der Sage von der Osserburg?*

Ausflug
in die Geschichte

Die Gegend am mittleren Regen und die Further Senke waren als natürliche Verbindung zwischen Donauebene und dem böhmischen Becken schon früh besiedelt. Archäologische Funde aus diesem Gebiet beweisen, daß es dort keltische Siedlungen gegeben hat. Östlich davon, im Oberen Bayerischen Wald, blieb das undurchdringliche Urwaldgebiet noch lange unerschlossen.

Erst am 29. Mai 1279 macht es in einer Urkunde von Bischof Heinrich von Regensburg von sich reden: Dem Kloster Rott am Inn fällt der sogenannte „Neubruchzehnten", das Waldgebiet zwischen Ozzer (Osser), Adwich (Arber) und Dwerheke (Zwerscheck), als Schenkung zu.

Noch 1322 heißt Lam „lumbnäw". Die Nachsilbe „äw" läßt das althochdeutsche „ouwa" erkennen und bedeutet „Au", während „lumb" auf das Wort „Laub" zurückzuführen ist. Somit bedeutet Lumbnäw Laubau. Durch Verstümmelung entstand später Lamb und schließlich Lam.

Im Dialekt wird noch heute die Formulierung „in der Lam" (in der Laubau) gebraucht.

Die Laubwälder der Talauen schienen den ersten Siedlern weniger abweisend, als die Urwälder an den Berghängen.

Über die Herkunft dieser Siedler gibt es keine urkundlichen Unterlagen. Es liegt jedoch die Vermutung nahe, daß sie aus St. Ulrich am Pillersee (Tirol) in diese Gegend kamen. Die älteste Kapelle Lams ist dem heiligen Ulrich geweiht, und noch heute hört man für die Einwohner des Lamer Winkels die Be-

zeichnung „Tiroler". Außerdem weist der Dialekt der Bewohner viele Tiroler Eigentümlichkeiten auf und unterscheidet sich ganz wesentlich von dem der näheren und weiteren Umgebung. Auszuschließen ist aber auch nicht, daß der Zuzug von Tirolern erst in der zweiten Siedlungswelle um 1500 erfolgte.

Bereits 43 Jahre nach der Gründung, am 22. Dezember 1322, wurde Lam selbständige Pfarrei.

Wenn auch die Arbeit auf kargem Boden und steinigen Berghängen schwer und mühselig war, konnte die Bevölkerung doch nahezu eineinhalb Jahrhunderte lang ein von außen wenig beeinflußtes Leben führen. Dies änderte sich nach der Verurteilung und Hinrichtung des Reformators Jan Huß durch das Konzil von Konstanz. Es kam in Böhmen zum offenen Aufstand der „Brüder", wie sich die Anhänger Huß' nannten. Von 1420 an fielen die Hussiten zehn Jahre lang mordend, plündernd und brandschatzend in die an Böhmen angrenzenden Gebiete ein.

Auch der Lamer Winkel blieb davon nicht verschont. Die Bewohner suchten in den dichten Wäldern Schutz. Nur zögernd kehrten sie nach diesen schrecklichen Jahren wieder in ihre Wohnorte zurück, wo sie Häuser, Wiesen und Felder verwüstet vorfanden. In weiser Voraussicht hatten einige von ihnen in den Wäldern mit dem Roden begonnen und außerhalb der festen Ortschaften neue kleine Gehöfte errichtet. Damals entstanden die ersten Einöden auf den Höhenzügen: Waldeck (heute Vorderwaldeck), Oed (Hinteröd) und die Zelle und Kapelle eines Klausners namens Chuntzlein in der Nähe des heutigen Traillinghofes.

Der Aufbau der zerstörten Ortschaften selbst ging nur sehr langsam vonstatten. Kann man im Jahre 1420 gut hundert bewohnte Anwesen annehmen, die von den Hussiten zerstört wurden, so waren 25 Jahre nach Beendigung der Überfälle erst die Hälfte davon wieder aufgebaut.

Fast zwei Jahrhunderte hindurch prägten ausschließlich Land- und Forstwirtschaft das Leben im Lamer Winkel. Erst 1463 trat eine Wende ein. Die Herzöge Johann und Siegmund von Bayern erteilten dem Regensburger Schultheiß Leonhard Gravenreuter die Erlaubnis, Bergbau zu betreiben und Gold- und Silbererz zu schürfen. Sechs Wochen nach Ausstellung dieser Urkunde, am 6. Juni 1463, begann eine Bergbautradition, die mit Unterbrechungen bis in die jüngere Vergangenheit andauerte.

In der Folgezeit regelte man ein allgemeines Schürfrecht von herzoglicher Seite aus durch besondere Abgabepflichten. Durch eine Reihe von Privilegien versuchte der Landesherr den Bewohnern vom Lamer Winkel den Bergbau schmackhaft zu machen und sicherte ihnen unentgeltlich Holz, Wasser und Bruchstein zu.

Die Hoffnung auf nennenswerte Reichtümer blieb dennoch über Jahrzehnte hinweg unerfüllt. Erst mit Beginn des 16. Jahrhunderts dürften reichere Funde die Bergbautätigkeit in Lam intensiviert haben. Die Aussicht auf Wohlstand hat viele Menschen in den bis dahin stillen Waldwinkel gelockt.

Die wirtschaftliche Entwicklung in Lam gefiel den Herzögen Wilhelm und Ludwig, und sie belohnten die Bergleute mit weiteren Privilegien: dem freien Zu- und Abzugsrecht, der freien Wahl des Bürgermeisters, Richters und Rates, einem freien Markt an jedem Samstag, Wildbann und Fischerei sowie dem Erlaß aller Schulden außerhalb des Herzogtums Bayern. Diese Rechte wurden im Freiheitsbrief vom 29. März 1522 festgeschrieben, und noch im gleichen Jahr wurden Lam und Bodenmais zu „vollkommen gefreiten Bergstätten" erhoben. Diese Lamer Stadterhebungsurkunde gibt es nicht mehr. Hinterlegt beim Gericht in Kötzting, verbrannte sie dort im Jahre 1633. Mit dem Niedergang des Bergbaues ging auch das Stadtrecht verloren. Übriggeblieben sind nur die drei jährlichen Märkte am Lamer Marktplatz.

Ein weiteres hatte der Bergbau zur Folge: Die von den bayerischen Herzögen als Landesherren gewährten Privilegien hatten die Rechte des Klosters Rott als Grundherrschaft soweit beschnitten, daß die Hofmark Lam veräußert werden mußte. 1697 kam der Lamer Winkel an den Kurfürsten von Bayern.

Weithin sichtbares Wahrzeichen von Lam: die markante Pfarrkirche.

Doch zurück ins 15. und beginnende 16. Jahrhundert. Schon damals mehrten sich die Grenzstreitigkeiten zwischen Bayern und Böhmen; eine Grenzkarte sollte Klarheit bringen. Diese Karte von 1514 zeigt die älteste bildliche Darstellung Lams. Danach muß die Pfarrkirche an den heute noch bestehenden Turm in südöstlicher Richtung angebaut gewesen sein. Der Bau selbst war romanischen Ursprungs und sein Turm trug eine Zelthaube. Die Häuser des Ortes erstreckten sich in Richtung des heutigen Marktplatzes. Interessant ist, daß auf dem Gipfel des Kleinen Ossers die Reste einer Burganlage eingezeichnet sind. Damit dürften auch die Sagen um die Osserburg, von der weder Fundamente noch Mauerreste zu finden sind, in ihrem historischen Kern bewiesen sein.

Seit den Hussitenkriegen waren zwei Jahrhunderte vergangen. Der abgeschiedene

Lamer Winkel blieb bis dahin von allen politischen Händeln und kriegerischen Auseinandersetzungen verschont. Mit dem Prager Fenstersturz aber begann im Jahre 1618 der bis dahin schrecklichste aller Kriege, der Dreißigjährige.

In den ersten Jahren blieb das Grenzgebirge gegen Böhmen davon weitgehend verschont. Erst 1633 drangen die Schweden unter der Führung des Herzogs von Weimar in das Tal des Weißen Regen vor. Im Spätherbst dieses Jahres brannte Kötzting bis auf Kirche und Schloß völlig nieder, und die Bevölkerung im Lamer Winkel floh in die umliegenden dichten Wälder und hielt sich dort jahrelang verborgen. Das älteste noch erhaltene Matrikelbuch der Pfarrei Lam zeigt, daß über Jahre hinweg nur wenige Geburten, Eheschließungen und Todesfälle vermerkt sind. Als Opfer der Schweden sind lediglich zwei Namen aufgeführt: „Hans Dax aus Frahels und Matthies Schröder, Mühler auf der Gündlmühle". 1641 bedrohten die Schweden ein zweites Mal den Bayerischen Wald. Kötzting, kaum wieder aufgebaut, ging in Flammen auf, Eschlkam und Neukirchen wurden besetzt und geplündert – doch der Lamer Winkel blieb verschont.

Neben den Kriegswirren versetzte im 17. Jahrhundert die Pest die Menschen in Angst und Schrecken. 1636 drang die Seuche bis nach Rittsteig vor, dreizehn Jahre später bedrohte sie erneut den Lamer Winkel. In höchster Not stiftete die Pfarrgemeinde Lam ein bis heute erhaltenes Pestbild. Von da an schweigen die Chroniken über den Schwarzen Tod im Lamer Winkel.

Nach Krieg und Pest kehrte die Bevölkerung langsam wieder in ihre Wohnstätten in Lam zurück. Die Einöden an den Berghängen blieben: Mooshütte, Scheiben, Zwieseleck, Unter- und Obereschlseign, Eck und Schneiderberg.

Am Marktplatz: ein Brunnen für den Schutzpatron Lams, den hl. Ulrich.

Im Herbst 1699 brach in der Pfarrkirche ein Brand aus, der rasch ganz Lam erfaßte. Zur damaligen Zeit waren die Häuser und Höfe ausnahmslos aus Holz gebaut und die Flammen fanden reichlich Nahrung. Nur das Mauerwerk des Kirchtums blieb erhalten – und das alte Pestbild. Die geretteten Pfarrbücher weisen auch für die nun folgenden Jahre nur wenige Eintragungen auf. Wahrscheinlich hatte die Bevölkerung Notunterkünfte in den benachbarten Ortschaften gefunden. Beim Wiederaufbau allerdings traten an die Stelle der Holzhäuser solche aus Stein, zu ihnen gehörte der Pfarrhof, der mehr als zwei Jahrhunderte überdauerte und erst 1956 wegen Baufälligkeit abgerissen werden mußte.

Dem Wunsch der Lamer, auch ihr Gotteshaus bald wieder herzustellen, stand die bittere Armut der Bewohner im Weg. Zur Kirchweih dauerte es bis ins Jahr 1765. Das Kloster Rott gewährte in dieser Notzeit dem Hauptort seiner Hofmark tatkräftige Hilfe.

Wann es in Lam zum ersten Mal eine Schule gab, ist heute nicht mehr feststellbar. Im Jahre 1617 allerdings wurde ein Schulmeister namens Alexander Pillmayer aktenkundig. Für die wirtschaftliche Entwicklung des Lamer Winkels aber waren von je her nicht Bildung, sondern Besitzverhältnisse ausschlaggebend. Zur Zeit der Klosterherrschaft galten alle Güter als Klosterlehen. Eine Einschränkung seiner Besitzrechte mußte das Kloster durch die von den bayerischen Herzögen gewährten Freiheiten in der Zeit des Silberbergbaus hinnehmen. Als der Winkel 1697 in kurfürstliche Hände ging, änderte sich kaum etwas. Erst im Laufe des 18. Jahrhunderts wurden die Obmannschaften (Gemeinden) Engelshütt, Lam, Thürnstein, Schwarzenbach und Sommerau wesentlich gestärkt. Während Höfe und Felder zum Lehen gehörten, waren Weiden und Wälder „Gmain", also für die gemeinschaftliche Nutzung bestimmt.

Um 1806 wurden Verhandlungen zwischen dem bayerischen Staat und den Gemeinden geführt, in denen die vom Kloster Rott an den Landesherren übergegangenen Wälder mehr oder weniger zwangsweise den Bauern verkauft wurden. Nur der „Lambacher Herrenwald" und der Eggersberger Gemeindewald waren von der Verteilung ausgenommen. Noch heute befindet sich der größte Teil der Waldungen im Lamer Winkel in bäuerlichem Besitz.

Im 19. Jahrhundert hatte sich die Glasindustrie im Bayerischen Wald soweit entwickelt, daß die Forderung nach modernen Transportmitteln laut wurde. Vergeblich hatten sich die Glashersteller im Winkel um eine Weiterführung der Bayerischen Staatsbahn von Kötzting nach Lam bemüht. Erst am 24. August 1891 erteilte Prinzregent Luitpold von Bayern die staatliche Konzession für eine private Lokalbahn von Lam nach Kötzting. Ein gutes Jahr später nahm man den Betrieb mit Anschluß an die Strecke Kötzting–Cham auf. Doch der eigentliche Zweck der Lokalbahn, nämlich mit ihrer Hilfe Glas schneller und sicherer zu transportieren wurde nicht erreicht. Das bis dahin billige Holz wurde so teuer, daß sich die Glasfabrikation kaum mehr rentierte. Die Bahn wurde so innerhalb kurzer Zeit hauptsächlich zum Transportmittel für Holz und Holzprodukte. Daß mit der darauf folgenden Verlegung der Glasindustrie nach Neustadt an der Waldnaab Hunderte von Glasbläsern im Lamer Winkel ihre Existenzgrundlage verloren, kümmerte die Verantwortlichen wenig. Das merkantile Denken der Zeit vor dem Ersten Weltkrieg stand höher als soziales Handeln. Noch verbliebene kleine Betriebe fristeten ein kümmerliches Dasein; die letzte Spiegelglasschleife stellte kurz nach dem Zweiten Weltkrieg endgültig ihren Betrieb ein. Arbeitslosigkeit prägte das frühe 20. Jahrhundert in Lam, denn auch die 1866 gegründete Zündholzfabrik Roßberg, als einziger größerer Betrieb in Lam, konnte nicht alle aufnehmen.

Doch bereits in den zwanziger Jahren begann man auf einen Zweig der „weißen Industrie" zu setzen. Der Bekanntheitsgrad des Lamer Winkels stieg bei Sommerfrischlern.

Von der Sommer-
frische zum Luftkurort

Lam, die kleine Landgemeinde, stand in den Anfängen des 20. Jahrhunderts. Noch jung war das kleine Bähnlein mit seiner Dampflok, das auf der Schienenstrecke von Lam nach Kötzting rollte. Eine erste Wasserleitung wurde gebaut, und droben auf des Buckels höchster Ebene entstand neben der Pfarrkirche die neue Volksschule, die bis in die Mitte der siebziger Jahre allen Anforderungen gerecht wurde.

Vor gut 80 Jahren kamen dann die ersten „Fremden" in den Ort, die mit Knickerbocker, Windbluse und geschultertem Rucksack durch die Wälder streiften und den Berggipfeln zustrebten. Man nannte sie „Sommerfrischler". Bald darauf sah man auch schon die ersten Ansichtskarten von Lam mit der Aufschrift „Sommerfrische Lam". Bereits 1921 hatte die Gemeinde Lam einen eigenen Ortsprospekt im Zweifarbendruck mit über 20 Seiten Umfang. Die Werbeanzeigen lauteten meist: „Zimmer mit kaltfließendem Wasser – elektrisches Licht!".

Ende der zwanziger Jahre, in den Jahren der Wirtschaftskrise, stagnierte das Fremdenverkehrsgeschäft in Lam merklich. In den Jahren 1936 bis 1938 folgte der große Aufschwung. „Kraft durch Freude" –KdF–, so nannten die Nationalsozialisten staatlich reglementierte Erholung in ländlicher Umgebung. In den Lamer Bahnhof rollten überwiegend KdF-Sonderzüge aus Sachsen. Im Zweiten Weltkrieg verging einem das Reisen und staatlich geförderte Fahrten gab es schon gar nicht. Erst nach der Währungsreform 1948 warb Lam wieder um Sommerfrischler, und bereits ein Jahr später konnten die Gastwirte zusammen mit ein paar Privatvermietern 151 Gästebetten in einem ersten Werbeprospekt der Nachkriegszeit aufweisen. Die damals er-

mittelte Jahresbilanz: 870 Gäste mit 1979 Übernachtungen. Ein Neubeginn war gemacht und schon 1951 waren es 190 Gästebetten; 1208 Gäste übernachteten insgesamt 5813mal. In diesem Jahr feierte man auch das erste Lamer Volks- und Heimatfest. Bürgermeister und Gemeinderat waren längst wieder ehrenamtlich gewählt und ihr Weitblick war zu bewundern. Der Diplom-Kaufmann Xaver Klingseisen saß auf dem Bürgermeisterstuhl und zog geschickt die Fäden. Im Jahre 1953 wurde der Marktplatz gepflastert und ein eigenes Verkehrsamt eingerichtet. Die ersten Heimatabende veranstaltete der Lamer Trachtenverein. Der Gemeinderat bewarb sich um das Prädikat „Staatlich anerkannter Erholungsort". Am 2. Juni 1954 fand eine Ortsbesichtigung des Bayerischen Fachausschusses für Kurorte, Erholungsorte und Heilbrunnen statt. Mit Schreiben vom 28. Juli 1954 teilte

dieser Fachausschuß schließlich die ersehnte Auszeichnung mit.

1955 zählte Lam 600 Gästebetten, 3986 Urlauber und schon 41 675 Übernachtungen. Die Bautätigkeit hatte zwischenzeitlich enorm zugenommen. Neue Siedlungen entstanden und die Zahl der Privatvermieter stieg ständig. Nach wie vor waren Arbeitsplätze in Lam rar und viele Familienväter und junge Männer fuhren als Pendler landeinwärts Woche für Woche zu ihren Arbeitsplätzen, damals überwiegend im Bereich der Bauwirtschaft. Um sich finanziell zu festigen und Bauschulden abzutragen, wurden in den neuerbauten Eigenheimen Zimmer für Urlaubsgäste vermietet.

Der Lamer Gemeinderat war ehrgeizig und unternahm am 23. Juli 1957 angesichts der guten Entwicklung im Fremdenverkehr den Versuch, „Luftkurort" zu werden. Wieder kam der zuständige Ausschuß in den Ort. Er entschied mit Schreiben vom 10. Oktober 1957, daß die Fremdenverkehrseinrichtungen in Lam noch verbessert werden müssen. Insbesondere wurde das Fehlen gemeinschaftlicher Einrichtungen, wie Kuranlagen, Leseräume und Freizeitangebote, und vor allem eines Freibades, bemängelt. Ein wichtiges Argument war der damals unzureichende hygienische Zustand. Die Gemeinde handelte und war im damaligen Landkreis Kötzting die erste, die eine Kanalisation baute.

Im Jahre 1959 wurde erstmals die Übernachtungsquote von mehr als 100 000 Nächtigungen übertroffen. Die Jahresabschlußzahlen wiesen 879 Gästebetten, 12 835 Urlauber und 102 717 Übernachtungen aus.

Der neue Hallenbadtrakt
machte das Osserbad zu einer der
modernsten Anlagen dieser Art.

Der Lamer Marktplatz –
Ortsmitte und Ort der Begegnung zwischen
Einheimischen und Gästen.

Fünf Jahre später, 1964, kam es zum Bau des ersten Lamer Freibades. Die Gemeinde wurde zwischenzeitlich zum Markt erhoben, und im Außenbereich entstanden neue Siedlungen. Neue Häuser und Straßen sowie öffentliche Parkanlagen ließen das Gesamtbild des Ortes als hinsichtlich einer ständig weiterentwickelnden Fremdenverkehrsgemeinde positiv erscheinen.

Marktgemeinderat und Fremdenverkehrsausschuß ließen nicht locker. Im Jahre 1966 bemühte man sich erneut um die begehrte Auszeichnung, und am 15. Dezember 1966 wurde Lam offiziell „Staatlich anerkannter Luftkurort".

Die Marktgemeinde Lam stand im damaligen Landkreis Kötzting an der Spitze aller Fremdenverkehrsgemeinden.

Die jährlichen Übernachtungszahlen stiegen laufend. 1970 waren es 15 469 Gäste mit 153 228 Übernachtungen. Vier Jahre später wurde erstmals ein Klimagutachten eingeholt.

Man schuf immer mehr Freizeiteinrichtungen; Wanderwege wurden verbessert und vernetzt, markiert und neu ausgeschildert. Die Entwicklung Lams fiel ins Auge; neue Geschäfte und Hotels kamen hinzu, darunter das Steigenberger Hotel „Sonnenhof" und die Familienferienstätte des Kolpingwerkes in Lambach. Die Zahl der Gästebetten und Übernachtungszahlen schnellte nach oben.

1975 standen bereits 1120 gewerbliche und 1280 private Betten zur Verfügung. Über 30 000 Gäste brachten 259 530 Übernachtungen.

Fünf Jahre später war der Sprung nach oben noch deutlicher: 44 618 Gäste übernachteten insgesamt 332 992mal in Lamer Gästebetten.

Auch in den folgenden Jahren ging es wei-

ter bergauf. Die Zusammenarbeit mit regionalen Fremdenverkehrsstellen, wie der Abteilung für Fremdenverkehr im Landratsamt Cham und dem Fremdenverkehrsverband Ostbayern in Regensburg, florierte. Vor allem auch großangelegte Jahresthemen wie „Der Gläserne Wald" und das „Bauernjahr" steigerten den Bekanntheitsgrad des Luftkurortes unterm Osser. 1993 wurde mit 450 282 Übernachtungen die bisherige Rekordmarke erreicht. Die Wiedervereinigung Deutschlands spielte hier eine große Rolle. Gäste aus Thüringen und Sachsen, jene also, die schon früher für einen Aufschwung gesorgt hatten, kamen in Scharen.

Waren es in den Anfängen die Thüringer und Sachsen, in den fünfziger Jahren dann die Berliner, die dem Fremdenverkehrsort Lam den Hauptteil der Gäste brachten, kommen heute die meisten aus dem westdeutschen Raum, aus Hessen, Baden-Württemberg – und aus Bayern selbst. Der Anteil der Gäste aus den neuen Bundesländern pendelte sich Mitte der neunziger Jahre in Lam bei etwa 13 Prozent ein.

Auch auf dem Gebiet der Gästebetreuung und Unterhaltung nimmt der Luftkurort Lam einen Spitzenplatz ein, dank des Engagements vieler örtlicher Vereine und einer rührigen Gastronomie.

Der Bau des Freibades Mitte der achtziger Jahre und die 1994 fertiggestellte Erweiterung durch einen Hallenbadtrakt steigerten das Erleben der zahlreichen Gäste und sind Meilensteine der touristischen Infrastruktur. Mit nahezu 1200 Quadratmetern Wasserfläche, zwei Wasserrutschen, drei Innen- und vier Außenbecken, Dampfbad und Sauna gehört das „Osserbad" zu den attraktivsten Erlebnisbädern im ostbayerischen Raum. Auch diesmal wieder bewiesen die Markträte und die Bürgermeister Franz Schmid (bis 1992) und Klaus Bergbauer (ab Ende 1992) Weitblick und Mut. Die finanziellen Investitionen brachten Lam an den Rand des Leistungsvermögens, hoben den Luftkurort aber zugleich deutlich ab vom Angebot der zahlreichen Mitbewerber.

Anfang 1994 wurde mit dem Bau des Lamer Kurparks begonnen, der eine möglichst

naturnahe Verbindung zwischen dem Marktplatz und den Freizeitanlagen herstellen soll.
Dem herrschenden Landschaftsbild angepaßt,
werden hier Obstbäume gepflanzt, ein Stein-
garten und Lehrpfad angelegt. Neue Bestrebungen in Lam ringen um ein neues Prädikat:
„Heilklimatischer Kurort". Damit verbunden
sind auch die Bemühungen um die Verkehrs-
beruhigung.

Seit Ende der siebziger Jahre steht der
Luftkurort im Werbeverbund mit den Nach-
bargemeinden, den staatlich anerkannten Er-
holungsorten Lohberg und Arrach. Anfang
der neunziger Jahre trat der Lamer Winkel der
„Arber-Region" bei, um sich gemeinsam mit
Bodenmais und den Fremdenverkehrsgemeinden im Zellertal (Arnbruck, Drachselsried
und Böbrach) dem Wettbewerb zu stellen.

Die Maxime für die Zukunft lautet nicht
Zuwachs sondern Qualitätssicherung. Auf
eine weitere Erhöhung der Bettenzahl wird
verzichtet. Das bisher erreichte zu bewahren,
gilt insbesondere für die Natur, dem Hauptka-
pital des Fremdenverkehrs im Luftkurort
Lam.

Statt auf zusätzliche Betten setzen die Or-
te Lam und Lohberg auf ein Modellprojekt
der Bayerischen Staatsregierung im Rahmen
des Arten- und Biotop-Schutzprogrammes.
Man gründete 1995 die Ökoregion Lam–Lohberg, in der ein naturnaher und sozialverträg-
licher Tourismus gedeihen soll.

Schützend legen sich die Bergketten von
Osser und Arber um Lam.
Die weite, abwechslungsreiche Landschaft ist
das Kapital für einen ländlichen, naturnahen
Tourismus.

Lange Jahre ein Symbol für die Landwirtschaft:
Bauer, Pflug und Pferd.
Auch hier drängen längst moderne Maschinen in
den Vordergrund. Bringt die Ökoregion ein Stück
guter alter Zeit in den Lamer Winkel zurück?

Der Waldbauernsommer

Dem, der zum ersten Mal in unseren Lamer Winkel kommt, werden die Waldbauernhöfe auffallen, oder aber er wird sie geringschätzend übergehen. Vor Zeiten schon haben sie diesem Landstrich den Stempel der Redlichkeit, der Ehrlichkeit und des nimmermüden Fleißes aufgedrückt. Diese Waldbauernhöfe im Lamer Winkel sind bäuerliche Vollerwerbsbetriebe und ihren Besitzern und deren Familien Existenzgrundlage.

Eine Landschaft tritt in die Geschichte ein, wenn der Mensch sie besiedelt. Der Bauer hat sich die unwirtlichen Wälder angeeignet, hat sie gerodet und geordnet.

Die Waldbauern und ihre Vorfahren haben den kargen Boden bearbeitet, um sich selbst und ihre Familien zu ernähren. So sind die alten Bauernhöfe eine reiche Quelle dessen, was wir unter Geschichte verstehen. Sie berichten vom Leben der Bauern, von schweren Heimsuchungen, Kriegen, Elend und Nöten. Die Schweden und die Hussiten sind in dieses Land eingefallen, haben die Bauern, ihre Frauen und Kinder getötet und ihre Höfe in Schutt und Asche gelegt. Seuchen suchten die Familien heim und forderten ihren Tribut.

Die Geschichte von Generationen lebt in jeder Familie fort. Hier zählt das Althergebrachte. Ungern verläßt der Waldbauer seinen Grund und Boden; ein gutes Herz und ein unbeugsamer Wille zeichnen ihn aus. Der Waldbauernsommer gewährt einen kleinen Einblick in ihren Jahreslauf.

„D' Girgl bringts – d' Michei nimmts!" Dieser alte Spruch ist längst aus dem neuzeitlichen Sprachgebrauch der Waldler verschwunden. Gemeint war damit die Brotzeit, die täglich den Waldbauern und ihren „Ehalten" auf die Felder und Wiesen hinausgetragen wurde. Das begann mit „Girgl", dem Na-

mensfest des heiligen Georg am 23. April, und endete am 29. September, dem „Michaelitag". Dazwischen liegt ein Waldbauernsommer mit allem, was Sitte, Brauchtum und Verpflichtung ist.

Nach dem langen Winter hebt die Erde wieder zu atmen an und alles wartet auf die kommenden Tage und Nächte des werdenden Sommers. Über den Feldern und aus den Wäldern steigen die Dunste, das Leben der Natur kommt wieder in Bewegung. Die Felder beginnen aufzuschlagen und in den Wäldern hebt ein Rauschen an, das den Menschen das Blut in die Köpfe steigen läßt.

Geheimnisvoll kommt die Walburgisnacht. Das Namensfest der heiligen Walpurga wird ja bereits im Februar gefeiert, doch die Kirchen in Bayern – so auch in der benachbarten Pfarrei Lohberg – wollten dieses Patroziniumsfest nicht in der kalten Jahreszeit begehen. So wurde der 1. Mai zum huldigenden Fest für diese Schutzheilige. Ist die Walpurgisnacht da, dann

erzählte man sich, an die heidnischen Bräuche der Vorfahren erinnernd, daß die Hexen ihr Unwesen trieben, durch den Bergwald geisterten und über die Felder jagten. Um Mitternacht saßen sie dann auf dem Misthaufen und wer sich die Augen mit frischem Tau benetzte, konnte sie sehen.

Das Pfingstfest kommt, die Pfingstgoißltuscher sind weithin zu hören und was der Natur an Bösem noch droht, wird durch lautes Knallen vertrieben.

Die Wiesen stehen bereits in üppigem Grün und die Halme recken sich. Bald kommt die Zeit der Heuernte.

Von den „Mahdern", die einst auszogen, um in aller Herrgottsfrüh ihre Sensen zu schwingen, ist nichts mehr zu sehen. Heute sind es die Mähwerke der schweren Traktoren, die das Gras schneiden. Moderne Heuwendegeräte vollenden ihr Werk.

Mit jedem Tag rückt der Sommer näher. Die Kirche feiert das Fronleichnamsfest und in der Natur breitet sich ein wahres Leuchten aus. In der alten Volkssage lebt noch der Johannistag. Nach Einbruch der Dunkelheit leuchten noch heute die Johannisfeuer (auch Sonnwendfeuer genannt) auf den Berggipfeln und im weiten Rund des Lamer Winkels. Alljährlich entzündet die Lamer Bergwacht in dieser Nacht das lodernde Feuer droben auf dem Gipfel des Kleinen Ossers.

Einer alten Sage nach sollte man in der Johannisnacht vom Ackerboden ein wenig Erdreich abheben. Findet man dort die Samenkörner, von denen man glaubt, daß sie im Mondlicht funkeln, so nimmt man sie und verstreut

Noch gibt es ihn auf – fast –
jedem Bauernhof, den eigenen Brunnen
mit frischem, kühlen Quellwasser.

sie im Stall und auf dem Tennenboden. Die Waldler sahen dies als Schutz gegen Unheil und Unglück.

Um diese Jahreszeit ist auch vom Wunder des „Neunerleikrautes" die Rede. Die Bauern kennen ihre Kräuter genau. Man sammelt sie, braut ein Getränk davon und das soll helfen, gesund durch das ganze Jahr zu gehen.

Der „junge Sommer" gilt als ausgewachsen, wenn die Erntezeit zur Arbeit ruft. Des rauhen Klimas wegen ist man da im Wald immer etwas später dran. Längst ist um diese Zeit im Donauraum, im Gäuboden, der Kornkammer Bayerns, eingeerntet. Auf den Wiesen und Feldern im Wald aber wird noch gearbeitet. Der fleißigen Hände sind nur noch wenige. Meist ist es der Waldbauer mit seiner Familie allein. Helfer, wie einst die „Ehalten", gibt es längst nicht mehr.

Man will auf dem eigenen Hof noch existenzgesichert leben und ist auch hier auf moderne Maschinen angewiesen. Der Einsatz dieser Geräte ist auf den steilen Hängen nicht immer ohne Gefahren.

Die Zeit hat vieles anders werden lassen, lediglich die Natur hat diesen Waldbauernsommer noch erhalten, wie eh und je.

In den letzten Jahren haben sich Waldbauern und Tourismus gegenseitig entdeckt: Urlaub auf dem Bauernhof und das Angebot von hausgemachten Produkten sind für die Waldbauern eine zusätzliche Einnahmequelle. Die Einödhöfe sind für viele Feriengäste wahre Oasen in der Hektik unserer Tage.

Freilaufende Rinder auf den kräuterreichen Wiesen, Existenzgrundlage für die Waldbauern im Lamer Winkel.

Der Waldler – ein besonderer Menschenschlag

Eine Landschaft prägt ihre Menschen. Das ist im Bayerischen Wald nicht anders. Er hat einen ganz eigenen Menschenschlag hervorgebracht. Griebens Reiseführer „Bayerischer und Böhmerwald" von 1926 führt unter dem Stichwort Bevölkerung aus: „Der Waldler, wie er sich selbst gerne nennt, ist ein biederer, gastfreier, heiterer Menschenschlag (oft etwas derb), der im Kampf mit der Natur erstarkt ist und die Liebe zu seiner Waldheimat stets treu bewahrt. Hinsichtlich Sprache, Sitten und Gebräuchen ähnelt der Waldler dem benachbarten Bayern. Stark ausgeprägt ist sein religiöser Sinn".

Solche und ähnliche Beschreibungen haben über Jahrzehnte hinweg das Bild vom Bewohner des bayerischen Grenzgebirges stark beeinflußt. So ist es kaum verwunderlich, daß man dem Waldler auch heute noch nachsagt, er sei wie die Landschaft in der er lebt – nach außen hin rauh und verschlossen. Blickt man jedoch hinter diese Schale, dann versteht man ihn leichter, den Wald und seine Waldler. „Richtige" Waldler sind ohnehin selten geworden. Kein Wunder, hat sich doch die einstmals weltferne Ecke Bayerischer Wald zu einem der beliebtesten Ziele im deutschen Tourismus entwickelt. Kamen schon mit den Feriengästen neue Ideen und Lebensarten in den Wald, – die Medien taten ihr Übriges.

Kleidet sich heute ein Einheimischer gerne in Tracht, so wird er als „Original" und urig eingestuft. Vielleicht täte hier ein bißchen mehr Selbstbewußtsein und Selbstverständnis gut.

Das schönste Andenken an den Lamer Winkel werden sicherlich die hier erlebten Urlaubstage sein, herrliche Wanderungen, Volksfeste und Bräuche – oder einfach: die Erinnerung an liebgewonnene Menschen.

Harte Arbeit, schweres Leben – dennoch kam der Humor nie zu kurz. Beim „Winter-Gang" in Vorderwaldeck zeigt sich das Leben „im Wald" von seiner ursprünglichsten Seite.

Mensch und Tier in natürlicher, spielerischer Zweisamkeit. Das Alter genießen kann auch so aussehen.

„und wos a echter Waldler is..." Der Schnupfer-Xare bringt nicht nur Ferien- gäste zum Staunen. (Bild Seite 22).

*Über den Osser hinweg, hinein ins Böhmische,
jahrzehntelang nur ein Traum, der Eiserne Vorhang
durchtrennte einst das größte zusammenhängende
Waldgebirge Europas. Jetzt aber ist der Sumava
(der Rauschende) wieder zu erwandern.*

Freie Bauern am Osser

Bis ins 20. Jahrhundert hinein bezeichnete man das Waldgebirge bis zur Senke der weißen Pfahlquarzmauer als „Böhmerwald". An der Wasserscheide am Kamm der Berge war einst die Grenze. „Wie Kugel rollt und Wasser rinnt", hatte man damals entschieden.

Die höchsten Gipfel des Grenzkammes waren Arber (1456 m), Rachel (1453 m), im Künischen Gebirge das Zwercheck (1333 m) und der markante zweigipflige Osser (1293 m).

Das Gebiet um Schüttenhofen kam 1192 als Heiratsgut einer Tochter des Grafen Friedrich von Böhmen an die Bogener. Nachdem dieses Geschlecht ausgestorben war, blieb das Land bis 1273 in bayerischem Besitz und fiel dann an die böhmische Krone zurück. Man kann annehmen, daß durch Bayerns starken Einfluß auf das Gebiet um Schüttenhofen viele bayerische Siedler ins Land kamen. Historische Zeugnisse geben aber keine sichere Auskunft darüber, wann hier die ersten Menschen

siedelten. Wahrscheinlich aber ist, daß schon die Roder mit Weide-, Jagd- und Fischrecht ausgestattet waren, um die Urbarmachung dieses Lebensraumes rasch voranzutreiben.

Der ungerodete Wald jenseits des Ossers wurde als Eigentum des Königs angesehen. Für das künische (königliche) Gebiet, auch Hwozd (tschechisch für Wald) genannt, das sich von Stachau bis über St. Katharina auf einer Länge von etwa 35 Kilometern hinzieht, galt das ganz besonders. Es wurde in alten Schriftstücken lange als Königreich und seine Bewohner als die „Kunigischen", also die Königlichen, bezeichnet. Seit dieser Zeit heißt der Bergkamm vom Zwercheck bis zu den Ossergipfeln auch das „Künische Gebirge".

Die Siedler in diesem Gebiet fühlten sich nur dem obersten Herrscher, dem König oder Kaiser, untertan. Diese Stellung haben die Freibauern in späterer Zeit auch urkundlich immer wieder hervorgehoben. Sie weigerten

Niemands Herr, niemands Knecht
- das ist künisch Bauernrecht -

sich, entgegen mancher Auffassung, auch nicht, ihrem König den Zins zu zahlen. Sie wollten nur keine Grundherren, die ihre Freiheit einschränkten und ihnen zusätzliche Abgaben auferlegten, zwischen sich und ihrem König dulden.

Unabhängig von der sogenannten Grundobrigkeit, die in anderen Gebieten oft bis in persönliche Bereiche, wie Berufswahl oder Heirat, hineinreichte, entstand hier im Künischen eine Gemeinschaft von Freien und Gleichen, in der lauterer Charakter und Tüchtigkeit als erste Tugenden galten. Es war dies ein Urbild gewachsener und nicht verordneter Demokratie. So entstand auch der Leitspruch: „Niemands Herr und niemands Knecht, das ist künisch Bauernrecht".

Im Lande der künischen Freibauern wurde Siedlungsland der Wildnis im wahrsten Sinne des Wortes abgerungen. Der große Böhmerwalddichter Hans Watzlik beschrieb diesen Kampf eindrucksvoll in seinem Roman „Aus wilder Wurzel".

Wechselhaft war die Geschichte der Freibauern und geprägt vom ständigen Kampf gegen die Versuche, sie in Leibeigenschaft und Verpfändung zu pressen. Besonders bemerkenswert war der Handstreich gegen den Grundherren Zdenko, der anno 1609 die Einflußreichsten unter den Freibauern auf seiner Burg einkerkern ließ, um ihre Rechte zu beschneiden. Bauern, Waldhirten, Köhler und Glasmacher schlossen sich zusammen und befreiten mit einem Trupp bayerischer Söldner die Gefangenen.

Die Herrschaft über die Gebiete der Freibauern wechselte ständig. Fürst Anton von Hohenzollern erwarb 1839 den ganzen Landstrich für 532 000 Gulden und betrachtete sich fortan als Schutz- und Grundherr mit allen Rechten, die damals üblich waren. Die Freibauern aber hielten an den alten, vom Kaiser verbrieften Rechten fest und verteidigten sie.

Erst 1848 wurde alle Grunduntertänigkeit in österreichischen Landen aufgehoben. Die Künischen konnten es nicht fassen, daß sie

den anderen, ehemals Leibeigenen, nunmehr gleichgestellt waren. Sie hatten den anderen Bauern gegenüber nichts mehr voraus, als ihre historische Standhaftigkeit.

Für die Künischen brach eine neue Zeit an und mit der Vertreibung der deutschstämmigen Siedler und Bewohner nach dem Zweiten Weltkrieg durch die Tschechen endet die Geschichte der künischen Freibauern. Ihre Freihöfe waren bis auf die Grundmauern zerstört, doch die Geschichte der Künischen lebte fort. Im Mai 1995 wurde am Großen Osser ein Grenzübergang eröffnet, der zur Erinnerung an die Freibauern „Künischer Grenzweg" genannt wurde. Das Wappen der Künischen, der doppelschwänzige Löwe mit Zepter und Krone, schmückt jetzt die Markierung an den Wanderwegen.

Diesseits des Ossers waren im 14. und 15. Jahrhundert die Äbte des Klosters Rott am Inn stets darauf bedacht, Waldbauernbetriebe zu schaffen und zu erhalten, die ihren Besitzern ein gutes Auskommen bieten konnten. Für sein Gut, das regelmäßig zu Erbrecht erworben wurde, zahlte der Klosteruntertan als Kaufpreis eine „bestimmte Summe Geldes" und nach eventuellen Freijahren einen alljährlich fälligen Grundzins. Über das Erbrecht wurde ein Erbrechtsbrief ausgefertigt, der den Waldbauern erlaubte, ihren Besitz zu vererben beziehungsweise mit bestimmten Auflagen zu veräußern.

Zu den Rechten der Freien Erbhofbauern „in der Lamb" gehörten das Recht, mehrere Güter zu besitzen, das Recht auf Verkauf derselben, Rechte in bezug auf die Bebauung der Felder, Ausnützung der Wälder, die Ausübung der Weiderechte, Wasserrechte und Mühlgerechtsamkeit sowie freies Fischen, freies Jagen und das Recht, zum eigenen Schutz Waffen zu tragen.

Der Freibauer war keiner Herrschaft und keinem Propst „ein Scharwerk schuldig", nur wenn er es freiwillig tat. Daher stammt der Spruch: „Wenn der Bauer net muß, rührt er weder Hand noch Fuß".

Der Wald – mehr als Heimat

„Hier weht noch die Luft der Urwelt der ersten Schöpfungstage … Man muß sich selbst erst innerlich sehr weiten, um sich in diese Landschaft einzufügen. Wer aber einmal den Rhythmus dieser Wald- und Berglinien aufgenommen hat, dem wird die verhaltene Schönheit dieser Landschaft fester ans Herz wachsen, als irgendeine andere. Er wird ihr verfallen. Ich wüßte nicht, wo ich mich nach dem Verlust meiner Heimat so zu Hause gefühlt hätte wie hier." – Diese Zeilen stammen von Siegfried von Vegesack, einem baltischen Dichter, der bis zu seinem Tode 1974 auf der Burg Weißenstein bei Regen lebte.

Auch Adalbert Stifter war vom großen Wald fasziniert: „Hier tritt uns die Pracht des Waldes mit allem Reichtum und aller Majestät entgegen." Und wirklich: Steht man auf einem der zahlreichen Berggipfel rund um den Lamer Winkel und schaut auf die endlose Weite des Waldmeeres hinunter … Es ist ein überwältigender Anblick und ergreifend ist seine verborgene Schönheit.

Ob die Sonne durch die Wipfel bricht, Licht und Schatten auf dem Waldboden tanzen läßt und die Baumstämme wie dunkelrote Flammen oder graue Säulen stehen, oder schemenhaft und fast unwirklich im Morgennebel, ob Schnee und Rauhreif den Wald in eine weiße, glitzernde Märchenwelt verzaubern, der Wald bleibt immer voller Geheimnisse.

Aber dieser Wald ist nicht nur Poesie, Gegenstand künstlerischer Inspiration, er ist viel mehr, er ist Lebensraum, Lebensgrundlage und Wirtschaftsfaktor.

Der Bayerische Wald ist mit dem angrenzenden Böhmerwald das größte zusammenhängende Waldgebirge in West- und Mitteleu

Wie von einer Riesenhand verstreut:
Findlingsblöcke am Kleinen Arbersee verraten
die Kraft der letzten Eiszeit. Menschenhand
vermag sie nicht zu bewegen.

Erste Spuren
hinterläßt der Altweibersommer.
Spinnfäden im Jungwuchs.

Schmalblättriges Weidenröschen
(Epilobium Angustifolium)

ropa und weder die Rodung und Besiedlung, noch das Aufkommen der Glashütten, die Kohlenbrennerei oder die Bergwerke konnten den Waldreichtum wesentlich mindern.

Der Mensch baute Straßen und Wege durch den Wald, legte Siedlungen und Ortschaften an, schlug Holz, wenn er es brauchte, und jagte in ihm, aber sonst überließ er den Wald sich selbst.

Alte Stämme wurden morsch und fielen, der Wind verwehte den Samen, und dort wo die Samenkörner Boden und genug Licht fanden, da gedieh der Jungwuchs.

Vor Jahren standen hauptsächlich Eichen und Hainbuchen in den niederen Lagen des Bayerischen Waldes, die Mittellagen teilten sich Buche, Tanne und Fichte, während die Hochlagen des Waldgebirges der Fichte vorbehalten blieben. In den Talauen fanden sich Haarbirke, in den Filzen die Bergföhre und in den schluchtartigen Tälern oft Bergahorn und Bergulme. Erst im 18. und 19. Jahrhundert begann man hier Forstwirtschaft zu betreiben. Trotz aller Eingriffe blieb der Wald vor allem natürlicher Lebensraum. Heute sind weite Teile des Waldes Naturschutzgebiet, an einigen Stellen findet sich noch „richtiger Urwald", im Bereich des Lamer Winkels etwa an der Seewand des Kleinen Arbersees.

Unermeßlich ist das, was Wald und Mensch aneinander haben. Doch im Schicksal des Waldes ist der Mensch ein Faktor von vielen: Wind und Wetter, Frost und Schneebruch, Dürre und Feuer, sie alle gefährden seinen Bestand.

*Ein neuer Tag beginnt am Oberhaiderberg, hoch
über dem Lamer Winkel. Auch für die Menschen
hier soll ein neuer Aufbruch kommen in eine Zukunft mit mehr Rücksicht auf Natur und Umwelt.*

Ökoregion Lam–Lohberg

Die Marktgemeinde Lam, die Gemeinde Lohberg, der Landkreis Cham und der Naturparkverein Oberer Bayerischer Wald machen sich in einer Arbeitsgemeinschaft dafür stark, daß der Lamer Winkel als traditionelle Kulturlandschaft erhalten bleibt oder wieder hergestellt wird.

Grundvoraussetzung für ein Gelingen des Vorhabens „Ökoregion" ist, daß Land- und Forstwirtschaft, Tourismusgewerbe und Naturschützer, kommunale und staatliche Stellen bereit sind, zusammenzuarbeiten.

Das Projekt „Ökoregion Lam–Lohberg" ist von der Höheren Naturschutzbehörde bei der Regierung der Oberpfalz angeregt worden. Im Rahmen des Arten- und Biotopschutzprogrammes der Bayerischen Staatsregierung soll es konzipiert und umgesetzt werden und schließlich Modellcharakter erhalten.

Hier stellt sich die Frage nach den Grundbedingungen, die nach einer Ökoregion rufen.

Im Lamer Winkel ist seit Jahren ein drastischer Rückgang der Landwirtschaft und gleichzeitig ein starker Trend zur Aufforstung von Freiflächen zu verzeichnen. Es droht eine gravierende Veränderung des Landschaftsbildes.

In den Jahren 1950 bis 1990 ist der Umfang der Freiflächen im Lamer Winkel bereits von 900 auf 460 Hektar geschrumpft! Nun soll aber das Projekt „Ökoregion" nicht als „Anti-Aufforstungsprogramm" verstanden werden. Gemeinsam mit Land- und Forstwirtschaft will man dafür sorgen, daß Vielfalt und Reiz dieser Landschaft erhalten bleiben. Übergeordnetes Leitziel ist die Erhaltung und Wiederherstellung einer traditionellen Kulturlandschaft unter besonderer Berücksichtigung des Landschaftsbildes und der Artenvielfalt auf der Grundlage zielgerichteter Nutzungs- und Pflegekonzepte.

Im April 1995 ist man an die Arbeit gegan-

Wie in Gold getaucht zeigen sie die Wiesen im Spätsommer.

gen und wird mit Bedarfserhebungen und einem vorläufigen „Fünfjahresplan" ein gesetztes Ziel verfolgen. Dieses Projekt soll in enger Abstimmung mit den Betroffenen naturverträgliche, soziale und wirtschaftliche Prozesse in Gang bringen. Es fördert und fordert schließlich eine hohe Identifikation der Bürger mit ihrer Umgebung. Ebenso hofft man, einen naturbetonten Tourismus ganzjährig stärken zu können.

Aus der Fülle der Programmpunkte lassen sich hier nur Einzelmaßnahmen herausgreifen: die Erhaltung oder Wiederherstellung von ehemaligen Bergwiesen und Schachtenflächen, zum Beispiel der „Osserwiese", die Belebung herkömmlicher Wirtschaftsfaktoren, wie der Beweidung bestimmter Flächen durch Schafe, die Verbesserung ökologischer Verbundsysteme, die Erfassung und Pflege von Mager-, Feucht- und Mooswiesen, die Erstellung von Konzepten für Artenschutz, Waldbau und Waldumbau, für einen landschaftsverträglichen Tourismus durch gezielte und moderate Besucherlenkung, für ökologischen Landbau nebst dem wichtigen Faktor Selbstvermarktung, alternative Energienutzung und vieles mehr.

Entscheidend aber wird sein, inwieweit es gelingt, die Bevölkerung in dieses Projekt einzubinden. Schon bei der Gründung der Arbeitsgemeinschaft wurde dies formuliert.

*Unterm Osserhang: Der Erholungsort
Lohberg ist Partner in der Ökoregion.
Das „Wingei" ist besonders reich an
landschaftlichen Besonderheiten.
Gelingt die Symbiose aus Tourismus,
Land- und Forstwirtschaft?*

*Soviel Natur muß erhalten bleiben: Für unsere
Gäste, für uns und unsere Nachkommen.*

Der Seebach
beim kleinen Arbersee.

Spielzeug aus Lam
für Kinder in aller Welt

Wird in Lam von Besuchern und Feriengästen nach größeren Firmen im Winkel gefragt, die neben dem Tourismus und den vielen kleineren Handwerksbetrieben ein bedeutender wirtschaftlicher Faktor sind, dann wird jeder ohne lange nachzudenken das Familienunternehmen Roßberg nennen.

Die Firma Roßberg, in der zur Zeit etwa 250 Personen beschäftigt sind, rund 100 weitere werden zusätzlich mit Heimarbeit versorgt, vertreibt ihre Holzspielwaren unter dem bekannten Markenzeichen „Heros". Etwa 50 Prozent der Erzeugnisse werden an den Spielwarenfachhandel und Warenhauskonzerne im Inland abgesetzt. Die restlichen 50 Prozent werden exportiert in die anderen europäischen Staaten, nach den USA, nach Kanada, Japan, Australien und Israel.

Die Firma Roßberg, heute mit Abstand das größte Unternehmen im Lamer Winkel, blickt auf eine spannende Geschichte zurück, die stets eng mit der Entwicklung des Ortes verbunden war.

Bereits im Jahre 1496 wurde in einem Schreiben an das Kloster Rott am Inn, von wo ja die Mönche um 1250 in den heutigen Lamer Winkel zum Roden geschickt wurden, die „Renngmul" erwähnt.

Später bekam dieser Handwerksbetrieb dann den Namen „Riedermühle". Unter wechselnden Besitzern blieb das Gut bis zum Jahre 1863 hauptsächlich Sägewerk mit zuletzt drei Säggängen.

Dann wurde der Besitz an drei Geschäftsleute aus Mainz verkauft. Diese übertrugen damals die Verwaltung des Gutes und des Sägewerkes an Johann Wahl. Auch er stammte aus Mainz und stellte 1865 an das Bezirksamt Kötzting den Antrag, eine Zündholzfabrik errichten zu dürfen. Schon ein Jahr später wurde die Fabrik, die neben der Riedermühle in Richtung Lohberg gebaut wurde, in Betrieb genommen. Mit dieser Firma hielt nun die Industrialisierung erstmals Einzug im Lamer Winkel.

Im Jahre 1878 konnte der bisherige Verwalter Johann Wahl das gesamte Anwesen käuflich erwerben und schon kurze Zeit später erheblich erweitern. Fabrikbesitzer Wahl spielte auch im kommunalen Leben Lams eine bedeutende Rolle. So gab er, nach dem großen Brand in Kötzting 1867, den Anstoß für die Gründung der Freiwilligen Feuerwehr in Lam.

1886 verstarb Johann Wahl und seine Witwe veräußerte ein Jahr später den gesamten Besitz an August Uhlig und Carl Roßberg. Letzterer heiratete noch im selben Jahr die Wahl-Tochter Josephine. 1894 schließlich erwarb Carl Roßberg die Besitzanteile seines Kompagnons und wurde dadurch alleiniger Besitzer des gesamten Anwesens Riedermühle mit Zündholzfabrik und Schneidsäge. Der Mühlbetrieb wurde zu dieser Zeit eingestellt.

Als um die Jahrhundertwende viele Menschen im Lamer Winkel wegen der Schließung und Verlagerung der Glashütten ihren Arbeitsplatz verloren, bemühte sich das Unternehmen Roßberg, die Arbeitslosen nach und nach aufzunehmen. Im Jahre 1903 verbot man

Spielzeug aus Lam begeistert auch im Zeitalter der Computerspiele.

die Herstellung von Phosphorzündhölzern, und es kam zwangsläufig zu einer vollständigen Umstellung der Produktion.

Ein Jahr später wurde mit der Herstellung von Holzspielwaren begonnen. Unmengen von Dominosteinen und Holzbauklötzchen verließen die Hallen.

Der zwischenzeitlich zum Kommerzienrat avancierte Carl Roßberg teilte 1919 seine Firma und übergab seinem Sohn Carl die Riedermühle mit Sägewerk und die Spielwarenfabrik an seinen Sohn Hermann.

Die große Weltwirtschaftskrise 1929 stellte die Spielwarenfabrik Roßberg auf eine harte Probe. Erst als die nationalsozialistischen Machthaber in den dreißiger Jahren zur Stützung der Wirtschaft in das damalige Notstandsgebiet Bayerischer Wald Aufträge vergaben, ging es langsam wieder aufwärts. In der Firma Roßberg wurden Abzeichen für die Sammlungen des Winterhilfswerks und zwei Zentimeter hohe Märchenfiguren gefertigt, die von Frauen und Kindern im Ort in Heimarbeit bemalt wurden.

Während des Zweiten Weltkrieges stellte man die Produktion dann völlig um. Die Fabrik wurde zum kriegswichtigen Betrieb für die Fertigung von Soldatenspinden und Hockern erklärt. Auch der Handziehwagen „Fahrfix" für den Transport von Granaten in Muni-

tionsfabriken wurde hier entwickelt und gebaut. Ebenfalls eine Neuentwicklung war die Kartoffelsortiermaschine „Wiga", die in großer Stückzahl in die Ukraine geschickt wurde. An Spielwaren wurden zu dieser Zeit ausschließlich Schachfiguren für die Wehrmacht hergestellt.

Nach dem Krieg bekam die Firma Roßberg, wie viele andere Firmen, einen amerikanischen Treuhänder. Nun wurde für das amerikanische Militär produziert – wieder Spinde und Hocker. Erst 1948 konnte die Produktion von Holzspielwaren wieder voll anlaufen. Zu wahren Verkaufsschlagern entwickelten sich Mosaikspiele, Holzeisenbahnen und hölzerne Spardosen.

In den Jahren 1953, 1966 und 1975 wurden die Firmengebäude jeweils großzügig erweitert.

Seit dem Tod des Fabrikbesitzers Hermann Roßberg 1961, lag die Leitung des Betriebes über gut drei Jahrzehnte in den Händen seiner Tochter Herta Roßberg. Sie wurde unterstützt von ihrem Cousin Kurt Roßberg, dessen Sohn Karl die Geschicke dieses Unternehmens nunmehr lenkt.

500 Jahre – von der Schneidsäge bis zur modernen Spielwarenfabrik – haben Vieles verändert; gleich geblieben ist immer der Werkstoff – das Holz.

Totenbretter, Zeichen am Weg

Der Tod kann eine Lebensgemeinschaft nicht zerstören. Daran glauben die Waldler, und vieles in ihrem Tun und Denken erinnert immer noch daran.

Die Totenbretter geben Zeugnis davon überall dort, wo sie am Wegesrand oder ortsnah an Zäunen und besonders stillen, landschaftlich schönen Plätzen stehen.

Sie künden von einer innig-besinnlichen Totenehrung, wie sie den Menschen im Wald von jeher zu eigen ist.

Die einstige Scheu vor diesen Zeugen tiefen Volksglaubens ist längst überwunden und einer ruhigen, nachdenklichen Betrachtung gewichen.

Längst denkt man nicht mehr an Spuk und Geistergeschichten an diesen Stätten. Vielmehr gedenkt man hier Menschen und deren Schicksale, an die erinnert wird, und achtet diejenigen, die diese Zeichen gesetzt haben.

Der fromme Brauch Totenbretter aufzustellen geht weit zurück. Solange es in der Pfarrei Lam kein Leichenhaus gab – und das war bis 1939 so – wurde der Verstorbene in seiner Wohnung aufgebahrt. Man legte ihn dazu auf ein rohes Brett, das mit Leinen überdeckt war. Nach der Beerdigung wurde dieses Brett zu einem Schreiner gebracht, der es dann in die endgültige Form brachte. Das Oberteil eines Totenbrettes zeigte sich dazu gerundet, mit Einkerbungen und vielfältigen Verzierungen. Dieses Brett bekam dann der Maler in die Hand, der ihm Farbe und Schrift gab. Diese Beschriftung erfolgte in der Regel mit der Einleitung „Zur frommen Erinnerung" oder „Zum Gedenken". Name, Beruf, Geburts- und Sterbedatum folgten. Der untere Teil des Brettes verlief meist beiderseitig glatt. Häufig kam ein kleines Blumenmotiv dazu und schließlich ein Bibelspruch. Mitunter aber konnte man

Alte und neue Gedenkbretter nebeneinander: So bleibt ein Stück Volkskultur erhalten.

auch einen eher lustig anmutenden Reim lesen, denn oft zeigte auch hier der Waldler, daß bei ihm Humor und Leid recht eng beieinander sind. Da konnte man etwa lesen: „Es ruht die tugendsame Jungfrau Maria Huberbauer, betrauert von ihrem einzigen Sohn Josef", oder „Es starb das kleine Öchselein, vom alten Ochs ein Söhnelein, der liebe Gott hat's nicht gewollt, daß er ein Ochse werden sollt'".

Manchmal aber wurde das Totenbrett auch zum Gedenkbrett an einen Unfall. Die Aufschrift las sich dann so: „Der Hüterbub wurd gegen Nacht von einer Kuh zu Tod gebracht. Hat ihn geworfen und am End das Horn ihm in den Leib gerennt. Er mußte sterben noch so klein, das mußte wohl sein Schicksal sein".

Neben diesen kunstvoll gestalteten Totenbrettern gibt es aber auch einfache, kaum bearbeitete Totenbretter. Man vermutet, daß es

sich arme Leute nicht leisten konnten, das Brett durch den Dorfschreiner und Maler ausführen zu lassen: Man schnitt nur drei Kreuze ein und brachte es an eine Stelle, wo man es ablegen oder an ein Wegkreuz lehnen konnte. Überliefert ist auch die Volksmeinung, daß die Seele des Verstorbenen erst dann seine Ruhe finden würde, wenn das Brett verfault sei. Dies ist auch ein Grund, warum bei manchen Totenbrettergruppen die Inschriften oder Verzierungen kaum mehr sichtbar sind.

Heutzutage redet man nicht mehr ausschließlich von Totenbrettern, sondern mehr von Gedenkbrettern. Die örtlichen Vereine, der Heimat- und Volkstrachtenverein, der Waldverein oder der Funkclub, setzen diese Art von Gedenkbrettern gerne einem verstorbenem Mitglied.

Kirchen und Kapellen rund um Lam

Pfarrkirche St. Ulrich

Von weitem schon sieht man die St.-Ulrichs-Kirche, den Mittelpunkt des Lamer Winkels. Von ihr stammen die Pfarreien Lohberg und Haibühl ab. In bezug auf Architektur und Ausstattung ist sie ein Schmuckstück, auch wenn keine berühmten Namen der Kunstgeschichte mit ihr verbunden sind. So sehr sich auch die Besucher des Gotteshauses an seiner Schönheit erfreuen, so bleibt es doch immer ein Ort des Gebets. Über Jahrhunderte hinweg bis in unsere Tage wird hier nicht nur St. Ulrich, sondern auch Maria, die Muttergottes, in frommer Gläubigkeit verehrt.

Die älteste Darstellung des Lamer Gotteshauses ist auf der Grenzkarte aus dem Jahre 1514 zu finden. Damals muß das Kirchenschiff an den heute noch stehenden Turm in südöstlicher Richtung angebaut gewesen sein. Es

war niedrig und stammte wahrscheinlich aus romanischer Zeit. Der Kirchturm trug damals eine Zelthaube. 1699 zerstörte der große Brand die mittelalterliche Kirche, nur der Turm widersetzte sich als einziges Bauwerk Lams den Flammen. Der Wiederaufbau dauerte ein halbes Jahrhundert. Die neue Barockkirche konnte erst in der Mitte des 18. Jahrhunderts eingeweiht werden. Der Turm überragte nun nicht mehr den Haupteingang, sondern an ihn wurde seitlich der großzügige Chor angebaut, während das Kirchenschiff sich nun näher zum Marktplatz hin erstreckte. Wahrscheinlich wurde ein Baumeister vom Kloster Rott am Inn geschickt, der den Turm in seiner ursprünglichen Höhe beließ und ihn lediglich mit einer dem Zeitgeschmack entsprechenden Zwiebel krönte. Dadurch erhielt die ganze Kirche ihre unverwechselbare geduckte Form, wobei offen bleibt, ob der Bau-

meister aus ästhetischem Empfinden das Gebäude der Landschaft im Winkel anzupassen versuchte oder die finanziellen Mittel für einen höheren Turm nicht ausreichten. Die Konsekration der neuen Pfarrkirche durch den Bischof von Regensburg erfolgte 1765.

Die Kuppel des Turmes wurde 1902 durch ein Unwetter stark beschädigt, ebenso nur ein Jahr darauf das Kirchendach. Bei der 1905 beginnenden Renovierung wurde das Kirchenschiff nach hinten verlängert. Diese Baumaßnahme beeinträchtigte die ursprüngliche Harmonie des barocken Gebäudes enorm, zumal auch zwei Emporen stilwidrig errichtet und die bisherigen Altarbilder entfernt wurden. Der Hochaltar erhielt einen Durchbruch mit einer Kreuzigungsgruppe, die Seitenaltäre zierten fortan neue Bilder aus der Schule der Nazarener. Bei der Renovierung von 1930/31 wurde die Kreuzigungsgruppe im Hochaltar

durch das jetzige Ulrichsbild ersetzt.

In den beiden Weltkriegen verlor die Pfarrkirche ihre Bronzeglocken. Nur die älteste Glocke, die noch aus der Zeit vor dem großen Brand stammt, ist noch heute im Besitz der Pfarrei.

Das Ziel, dem Gotteshaus möglichst viel von seiner ursprünglichen Schönheit zurückzugeben, konnte bei der Innenrenovierung von 1988 bis 1991 weitgehend erreicht werden. So erhielten die Altäre, das Chorgestühl und die Beichtstühle den alten, einheitlichen Farbton. Die obere Empore wurde entfernt, die untere angehoben und vergrößert, wodurch genügend Platz für die neue Orgel gewonnen wurde. Auch die Emporebrüstung paßt sich nun in Form und Farbe dem Kirchenschiff harmonisch an.

Von besonderer Schönheit und Ausdruckskraft sind die beiden großen, zwischen den Säulen des Hochaltars stehenden Figuren vom heiligen Johannes dem Täufer und vom heiligen Florian, dem Schutzpatron gegen Feuer- und Wassernot. An der linken Chorwand zeigt das große Pestbild – aus der Mitte des 17. Jahrhunderts stammend, hat es den Brand von 1699 überstanden – Jesus am Kreuz, die Muttergottes, den heiligen Rochus, den heiligen Sebastian und liegend die heilige Rosa. Die Letztgenannten werden von der Kirche als Schutzheilige gegen die Pest verehrt.

Den Schalldeckel der Kanzel schmückt die Figur des Erzengels Michael, eine Arbeit des Lamer Holzbildhauers Otto Kollross. Die Orgel, gebaut von 1989 bis 1991, umfaßt 29 Register.

Ungebrochen groß ist die Resonanz bei den feierlichen Gottesdiensten in der Lamer Pfarrkirche.

Die Wallfahrtskirche Maria Hilf

Wie bei vielen Wallfahrtskirchen kündet auch hier eine Sage von ihrer Entstehung. So hört man heute noch die Geschichte eines Holzhauers im Osserwald, der an einem Baum ein Bild der Gottesmutter fand. Er verrichtete ein Gebet und nach seiner Rückkehr nach Lam berichtete er dem Pfarrer von seiner Entdeckung. Dieser hatte Zweifel, fand aber dann doch das Bild, nahm es vom Baum und brachte es zur nahen Johanneskapelle. Der Holzhauer jedoch fand es am nächsten Tag wieder am gleichen Baum. Wieder erzählte er dem Pfarrer davon. Dieser, kopfschüttelnd ob der neuen Mitteilung, stieg wieder in den Bergwald hoch, fand die Aussage des Holzhauers bestätigt und brachte das Bild erneut zur Jo-

hanneskapelle zurück. Der Lamer Pfarrer und die vielen Verehrer der Gottesmutter wußten dieses seltsame, ja wunderliche Geschehen nur so zu deuten, daß die Gottesmutter an dieser Stelle eine Kapelle errichtet haben wollte. So lange sollte das Bild am Baum hängen bleiben.

Da kam eines Tages ein anderer Holzhauer dorthin. Er sah das Bild und begann frevelnd und gotteslästernd zu fluchen. Schließlich packte ihn die Wut und er warf einen Laib Brot gegen das Bild, das dabei entzwei sprang. Im gleichen Augenblick zog ein schreckliches Gewitter über den Osserwald. Der Holzfäller, von Angst und Schrecken erfaßt, kniete nieder, betete und bat die Gottesmutter um Verzeihung. Das hereingebrochene Unwetter verzog sich und der Holzhauer gelobte, sich mit Fleiß an den Arbeiten zur Errichtung einer Kapelle an diesem Ort zu beteiligen.

Man kennt nicht die Zeit, da diese Kapelle erbaut wurde. Daß jedoch vor dem Bergkirchlein wie man es heute kennt, eine Kapelle gestanden hat, ist sicher.

Der Bau der Wallfahrtskirche, die den Namen „Maria Hilf" erhielt, erfolgte im Jahre 1752. Die Wallfahrt zum Bergkirchlein erfreute sich von jeher großer Beliebtheit, nicht nur bei den Bewohnern des Oberen Bayerischen Waldes, sondern auch aus dem benachbarten Böhmen. Zu den feierlichen Gottesdiensten am Pfingstmontag und an Mariä Himmelfahrt am 15. August pilgern oft mehrere hundert Menschen. Seit Mitte der achziger Jahre feiert die Waldvereinssektion Lam im Bergkircherl eine stimmungsvolle Altbaierische Waldweihnacht, die sehr großen Anklang findet.

Das Bergkircherl Maria Hilf und der direkt daneben liegende Berggasthof „Zur Rast" sind heute beliebte Ausflugs- und Wanderziele im Lamer Winkel.

Am Wanderweg „L 1" zum Osser liegt die Wallfahrtskirche Maria Hilf, auf halber Höhe zum Sattel.

Die Dorfkirchen in Engelshütt und Frahels

Seit 1745 steht in Engelshütt eine kleine Dorfkirche zu Ehren des heiligen Erasmus, einem der Vierzehn Nothelfer, der besonders bei Viehseuchen um Hilfe angerufen wird.

In Frahels erhebt sich das Dorfkirchlein Mariä Opferung. Beides sind Filialkirchen der Pfarrei Lam, und in den letzten Jahren wurde unter großem Engagement der Dorfgemeinschaften von Engelshütt und Frahels mit notwendigen Sanierungsarbeiten begonnen.

Ebenfalls sehenswert sind die Herz-Jesu-Kapelle in Lambach, die Dorfkapelle in Schmelz und die St.-Anna-Kapelle in Trailling, eine Privatkapelle mit herrlichem Bauernbarock.

Die Herbstsonne unterstreicht den neuen Glanz der Dorfkapelle Mariä Opferung, dem Mittelpunkt von Frahels.

Bei den Sanierungsarbeiten tauchten immer wieder interessante, alte Fragmente auf. Über die Geschichte ihrer Entstehung aber liegen keine Unterlagen mehr vor.

Das Dorfkirchlein St. Anna in Thürnstein

Südöstlich von Lam liegt am Ausläufer des Osserhanges das Dorf Thürnstein. So schön die Lage des Dorfes auch war, eines fehlte immer, eine Dorfkiche. Wer aber sollte in der heutigen Zeit eine Kapelle oder gar ein Kirchlein bauen?

Seit jeher in eine engagierte Dorfgemeinschaft integriert, ging die Freiwillige Feuerwehr Thürnstein–Schrenkenthal ans Werk. Als dann auch noch die Eheleute Anna und Georg Koller sich bereit erklärten, das Grundstück zu stiften, stand der Umsetzung fast nichts mehr im Wege. Im April 1993 wurde ein Förderverein gegründet mit der Aufgabe, das Dorfkirchlein zu bauen und damit das christlich-religiöse Leben innerhalb der Dorfgemeinschaft zu festigen. So war die Feuerwehr neben ihren angestammten Aufgaben zu einem Initiator des dörflichen Gemeinwesens geworden. Daß man die Stimmung richtig eingeschätzt hatte, zeigte die gewaltige Anteilnahme, die nun folgte. Erstaunlich viele Privatpersonen traten dem Förderverein bei, erklärten sich zu Arbeitsleistungen bereit und

spendeten Geld. Viele einheimische Firmen unterstützten das Vorhaben mit Arbeits- und Sachleistungen.

Im Sommer 1993 konnte mit dem Bau begonnen werden und schon im Frühjahr 1995 war das Kirchlein fertig. Wüßte man nicht, daß es erst kürzlich gebaut wurde, man könnte meinen, das kleine Barockkircherl mit dem Zwiebelturm fügte sich schon immer so herrlich ein in die Landschaft unterm Osser.

Die St.-Markus-Kirche

Als nach dem Zweiten Weltkrieg durch den Zustrom von Flüchtlingen und Heimatvertriebenen die Zahl der evangelischen Gemeindebürger stark anstieg, erhielt Lam eine evangelische Pfarrei. Für sie wurde auf dem Riederberg die moderne, der Landschaft gut angepaßte St.-Markus-Kirche gebaut. Die durch den Wegzug vieler Familien wieder reduzierte Gemeinde wurde schließlich dem evangelischen Pfarramt Kötzting unterstellt.

St. Anna in Thürnstein unterm Kleinen Osser.

„Der Gläserne Wald"

Kein Ereignis hatte für unseren Wald so weitreichende Folgen wie die Errichtung der ersten Glashütte. Sie bedeutete den Anfang einer neuen Industrie, der Glasindustrie; bis zum heutigen Tag ein Charakteristikum des Bayerischen Waldes.

Holz war die wichtigste Lebensbedingung der alten Hütten. Das war der Grund, weshalb die Glasmacher in die bis dahin unnützen, von Menschen unberührten Waldwüsten eindrangen.

Die ersten Glashütten waren Wanderbetriebe. Wenn die umliegenden Holzvorräte erschöpft waren, fraßen sie sich immer weiter und tiefer in den Wald hinein, ähnlich dem Wanderhirten, der mit seiner Herde weiterzog, immer neue Grasflächen suchend. Dort, wo solche Wanderhütten ihre Standorte verließen, setzten sich – meist zuerst sogar in den verlassenen Unterkünften der Glasmacher –

landwirtschaftliche Siedler fest, die den notdürftig gerodeten Boden nutzten.

Wo undurchdringliche Wildnis geherrscht hatte, breitete sich bald eine kleinbäuerliche Ansiedlung nach der anderen aus.

Die erste Glashütte im Lamer Winkel soll in Engelshütt bei Lam gestanden haben. Man nimmt hierfür den Zeitraum von 1280 bis 1320 an, das ist etwa die Zeit des ersten Kirchenbaus in Lam. Noch heute führt in Engelshütt ein Bauernhof den Hausnamen „Glaserbauer".

In den Jahren von 1540 bis 1904 zählte der Lamer Winkel 19 Glashütten.

Eine frühe Spur führt zu Florian Frisch in Lohberg. Dieser hatte zuvor eine Glashütte im Zwieseler Raum betrieben und war dann in den Lamer Winkel gezogen.

Er führte wenig später auch eine Glashütte in Sommerau, aber nur so lange, bis die über

hundert Jahre, also seit den Hussitenkriegen, öd gelegenen Bauernanwesen wieder vom Holzwuchs befreit waren. In Sommerau wurde Spiegelglas, also Flachglas, hergestellt.

Knapp hundert Jahre lang herrschte in Lohberg emsiges Glasmachertreiben, dann legten die Schweden die Glashütten in Schutt und Asche. Auch in Schwarzenbach stand von 1580 bis 1610 eine Hütte, die vorwiegend der Rodung von Bauerngütern diente.

Mitte des 17. Jahrhunderts, also noch während des Dreißigjährigen Krieges, wurden zwei Glashütten abseits in die Wälder verlegt. Sebastian Kainz errichtete eine Hütte auf der Einöde Eben, die bis zum Jahre 1714 betrieben wurde. Die andere Glashütte wurde von Michael Moser 1640 erbaut; an ihn erinnert heute die Mooshütte, ein beliebtes Ausflugsziel.

Als sich der Handel nach den Kriegswirren Ende des 17. Jahrhunderts wieder lohnte, entstanden neue Glashütten. Ihre Betreiber waren die Nachkommen der ersten Hüttenherren im Lamer Winkel oder Glasherren aus benachbarten Regionen, wie die von Hafenbrädl aus dem Eisensteiner Tal, die in Altlohberghütte, Schneiderberg und unterm Enzian insgesamt sechs neue Hütten gründeten.

Eine der Altlohberger Hütten machte rund 80 Jahre lang Glas. Die Hüttenstandorte erstreckten sich bis zum Kleinen Arbersee. Von 1712 bis 1742 war erstmals auf der Verebnungsfläche am See, dort wo der Seebach herausfließt, ein Hüttenbetrieb. Erbaut vom Besitzer der Mooshütte, ging er bald in das Eigentum eines gewissen Frisch, Abkömmling einer bedeutenden Glasherrenfamilie, über, die 1540 die erste Hütte in Lohberg errichtet hatte. Vermutlich führten hier die Folgen des Österreichischen Erbfolgekrieges zur Arbeitseinstellung. 1783 errichtete dann Ignaz von Hafenbrädl zum zweiten Mal am See eine Hütte; kurz nach 1800 dürfte auch hier der Betrieb wieder eingestellt worden sein.

Im 19. Jahrhundert war nur noch eine Glashütte im Lamer Winkel in Betrieb: die 1805 gegründete Hütte in Lambach am anderen Ende des Lamer Winkels. Oberstbergrat Franz von Baader erwarb dort einen bedeutenden Walddistrikt und experimentierte in seiner Glashütte mit Glaubersalz als Surrogat für die Pottasche, deren chemische Substanzen für den Glasfluß unentbehrlich waren, die aber kaum noch zu bekommen und noch weniger zu bezahlen war.

Franz von Baader teilte das Schicksal so manchen Erfinders. Er hatte großen Erfolg, mußte aber finanziell und menschlich große Enttäuschungen erleben. Ein Gedenkstein in Lambach, unterhalb des jetzigen Märchen- und Gespensterschlosses, erinnert an ihn und seine Erfindung.

Im Jahre 1836 ging die Glashütte Lambach zunächst an zwei Gläubiger, bald darauf an die Firma Tritschler in Stuttgart. Als Ferdinand Winterhalder die Betriebsleitung übernahm, entwickelten sich die Geschäfte hervorragend. Sein Schwiegersohn Willmann führte drei Glashütten.

Die langen Absatzwege waren es schließlich, die den Unternehmer 1904 zur Verlegung der Produktionsstätten nach Neustadt an der Waldnaab veranlaßten.

Lambach wurde Forstgut. Heute erinnern nur noch die „Willmann-Villa" und der Gedenkstein an Franz von Baader an die Glasmacherzeit in Lambach.

Als letzte Glashütte im Lamer Winkel wurde 1838 die Lohberghütte neben dem Weißen Regen in Betrieb genommen, errichtet von Kellermayr vom Gutsbesitz Eck. Erst der Pächter Franz Schrenk brachte den Hüttenbetrieb ab 1853 in Schwung. Die Schrenks wurden die bedeutendsten Spiegelglasfabrikanten im ostbayerischen Raum und errichteten 1865 das Schleif- und Polierwerk Alt-Schrenkenthal und kurz darauf Neu-Schrenkenthal.

Bedingt durch die großen Entfernungen zu den Absatzmärkten und die steigenden Holzpreise im Bayerischen Wald faßten auch die Schrenks 1890 den Entschluß, einen Betrieb in Neustadt/Waldnaab zu eröffnen.

Erinnerung an die erste Glashütte im Lamer Winkel: Glasmacherdenkmal in Engelshütt.

Im Jahre 1907 brannte die Hütte ab, von der heute nichts mehr zu sehen ist.

Die Vielzahl der Glashüttenorte im Lamer Winkel und die noch größere Zahl der Hüttenstandorte ist verwirrend. An die mehr als 350jährige Glasmachertätigkeit erinnert heute kaum noch etwas: Da und dort eine Verebnungsfläche im Gelände, auf der man ein paar Scherben Waldglas findet, ein grasüberwachsener Rest von Hüttengrundfest. Der Wald hat sein Gebiet zurückgeholt. So sind das Herrenhaus der Schrenks in Schrenkenthal, die „Willmann-Villa" in Lambach sowie viele Orts- und Flurnamen, wie Schmelz oder Lohberghütte, die letzten Zeugen der Glasmacherepoche im Lamer Winkel.

Im Jahre 1988 startete der Fremdenverkehrsverband Ostbayern in Regensburg eine Werbekampagne unter dem Motto „Der Gläserne Wald" und erreichte damit bundesweit enorme Resonanz. Im Rahmen dieser Aktion wurde von den Verkehrsämtern im Lamer Winkel und Bayerisch Eisenstein der „Gläserne Steig" ausgeschildert, ein Wanderweg entlang ehemaliger Glashüttenstandorte.

Der „Gläserne Steig" beginnt in Haibühl bei der Kirche St.Wolfgang und führt über Engelshütt nach Lambach, weiter zum Bergkircherl Maria Hilf und von dort aus, vorbei am Mineralienmuseum, nach Schrenkenthal und Lohberghütte. Über Schneiderberg und Altlohberghütte führt der Weg nach Oberhaiderberg, Eben und Mooshütte und hinauf zum Brennes. Von dort durch das Eisensteiner Hochtal, bis er schließlich in Regenhütte, einer ehemaligen Glashütte, endet.

Im Jahre 1993 schließlich wurde in Engelshütt ein Glasmacherdenkmal zur Erinnerung an die „gläserne Vergangenheit" im Lamer Winkel eingeweiht.

Die Kolping-Familienferienstätte brachte wieder Leben ins Lambacher Tal.

Am Grenzkamm im Künischen Gebirge zwischen Osser und Zwercheck.

Vom Herrenhaus zum Märchenschloß

Eines der letzten Zeugnisse der Glasmacherzeit im Lamer Winkel wurde am 18. Mai 1990 einer neuen Bestimmung übergeben. Als Märchen- und Gespensterschloß stellt die ehemalige „Willmann-Villa" eine großartige Bereicherung des touristischen Angebotes im Lamer Winkel dar.

Mit dem Namen Lambach verbindet sich der Gedanke an die Glasmacherzeit. Für die Aussiedlung der Glashütte von Lambach nach Neustadt an der Waldnaab waren wirtschaftliche Gründe verantwortlich. Viele Glasmacher zogen mit zu den neuen Produktionsstätten und das ehedem rege Glasmacherdörfchen Lambach war regelrecht verwaist.

Die „Willmann-Villa", die seit 1904 Sitz der Lambacher Gutsherren war, ging im Jahre 1964 mit dem gesamten 675 Hektar umfassenden Waldgut in den Besitz der bischöflichen Administration über.

Da das Haus seit 1967 nicht mehr bewohnt wurde und sich niemand um den Unterhalt des Gebäudes sorgte, schien es 1985 endgültig für den Abriß bestimmt zu sein.

Man beantragte die Abrißgenehmigung für die Jugendstilvilla, die zwischenzeitlich unter Denkmalschutz gestellt worden war. Erst als große Teile der Bevölkerung ihren Unmut immer lauter äußerten und die bekannte Fernsehsendung „Jetzt red i" das Problem einem größeren Personenkreis zugänglich machte, wurden verstärkt Überlegungen zur Sanierung des Objektes angestellt. Diese scheiterten aber meist schnell an den erforderlichen Mitteln; außerdem fehlte ein geeigneter Verwendungszweck. Im Jahre 1987 kam es dann, nach langwierigen Verhandlungen, die besonders Landrat Ernst Girmindl vorangetrieben hatte, zur Übernahme in einem Erbpachtvertrag durch den Landwirt und Unternehmer

In letzter Minute vor dem Verfall gerettet:
die Villa unterm Osser
heute wieder ein wahres Schmuckstück.

Fritz Schleyerbach. Die Familie Schleyerbach war im Lamer Winkel schon bekannt, hatte sie doch einige Zeit vorher das Schloß in Miltach restaurieren lassen. Franziska und Fritz Schleyerbach betreiben in Katharied bei Regensburg einen Gewerbebetrieb, der Kennern unter dem Namen „Katharieder Bauernhanddruck" bekannt ist.

Mit großer Erleichterung nahm man damals im Lamer Winkel diese Nachricht auf.

Viel persönlicher Einsatz, Zeit und Geld waren in den folgenden zweieinhalb Jahren nötig, um die dringend notwendigen Sanierungsmaßnahmen durchzuführen. Angefangen wurde mit der Trockenlegung der Fundamente und der Dachsanierung. Es folgte die Erneuerung der Außenfassade, der Fenster und der Holzvertäfelungen, anschließend fing der Innenausbau an. Nicht vernachläßigt werden durften die Wirtschafts- und Funktions-

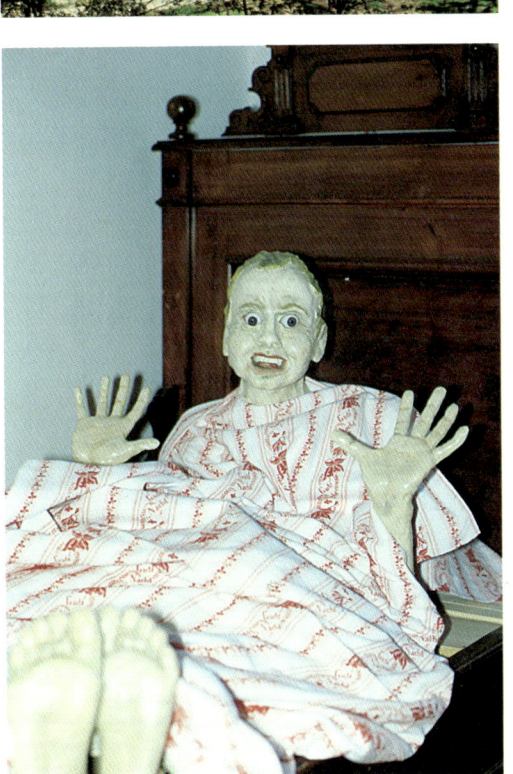

Märchen werden lebendig:
„Von Einem der auszog das Fürchten
zu lernen".

53

Kein Ort zum langen Verweilen ist der Kerker unterm Märchenschloß.

Ob aus dem Frosch wirklich ein Märchenprinz wird? Wer weiß...

räume im Nebengebäude, das früher die Stallung war.

Über zwanzig Märchengruppen, die mit viel Liebe zum Detail erstellt wurden, können jetzt dort besichtigt werden. Wer die Schleyerbachs kennt, der weiß, daß dort nicht massenhaft produzierte Märchenfiguren auf die Kinder warten, sondern daß hier zu sehen ist, was in kreativer Eigenarbeit erstellt wurde. Vom Rotkäppchen über das Dornröschen bis hin zur Frau Holle, um nur einige wenige Beispiele zu nennen, werden Motive aus der Welt der Märchen gezeigt. Dabei richtet sich die Auswahl der Themen nach Größe und räumlicher Gegebenheit der Zimmer. Die Kellergewölbe beherbergen die „gruseligen" Abteilungen. Durch geschickte Lichteinwirkung und Aus-

leuchtung entsteht in Kerkern und Verliesen eine ganz eigene Atmosphäre.

Sieht man dann noch, wie phantasievoll die 5000 Fliesen für den Sanitärbereich mit Märchenmotiven bemalt und wie liebevoll die Fenster und Möbel für die Gaststube gestaltet sind, dann versteht man, warum Lam mit Recht stolz auf sein „Märchen- und Gespensterschloß" ist.

Lams Schmuckkästchen –
das Mineralienmuseum

Flußspat, Kupfer, Schiefer – alles nur totes Gestein? – Von wegen! Im Lamer Mineralienmuseum in der Osserstraße werden Erze und Mineralien lebendig und erzählen vom Wunder der Natur, die in Erdrinde oder Erdkruste etwa 2000 verschiedene Mineralien beinhaltet.

Was der letzte Steiger und Betriebsführer der ehemaligen Fürstenzeche Buchet, Andreas Gabrys, vom Kindesalter an zusammengetragen hat, kann seit über 20 Jahren in seinem Mineralienmuseum bewundert werden. Durch Akribie und Leidenschaft entstand hier im Laufe der Jahre eine Fundstellen- und Lagerstättensammlung, die nicht nur in Fachkreisen weit über die Grenzen Deutschlands hinaus bekannt und geschätzt ist.

Mit über 10 000 Einzelstücken und rund 200 verschiedenen Grubenlampen und anderen bergmännischen Symbolen und Geräten sucht diese Sammlung weithin ihresgleichen.

Den Hauptteil dieses privaten Museums nimmt die Gesteins- und Mineraliensammlung ein.

In Raum 1 sieht man sich einer geologischen Vielfalt gegenüber, die aus dem gesamten Bereich Deutschlands zusammengetragen wurde: versteinertes Holz aus Vilshofen neben Zapfensandstein aus Ochsenhausen, Mineralien von den verschiedensten Fundorten des Bayerischen Waldes ebenso, wie aus dem Schwarzwald, dem Sauerland oder dem Ruhrgebiet.

Raum 2 ist den Fossilien und ihren Fundorten auf der ganzen Welt gewidmet. Schmuck und Edelsteine, gediegenes Silber aus Mexiko und Goldnuggets aus dem Ural werden ausgestellt, genauso wie wunderschöne Kristallsysteme vom Balkan.

Den ausgestellten Fundstücken folgend, unternimmt der Besucher eine Reise um die

Aus dem großen Mineralienschatz: Pyrit (Schwefelkies) aus Wölsendorf.

ganze Welt: Rumänien, Ägypten, Türkei, die ehemalige UdSSR, China, USA, Madagaskar, Kongo, Chile, Peru, Australien, Tansania und Brasilien.

Nicht nur die Damen bekommen in Raum 3 glänzende Augen; die Schmuck- und Edelsteinstube ist eine wahre Fundgrube. Kaum zu beschreiben ist die Vielzahl der Exponate.

Falls die Vielfalt des Gesehenen verwirrt, sollte man sich nicht scheuen, den „Chef" zu fragen. Andreas Gabrys, schon über 80 Jahre alt, ist immer bereit, fundierte Erklärungen zu geben und zeigt gerne seine Lieblingsstücke und besondere Raritäten, wie das original Mondgestein.

Fragt man ihn gar nach seinen Jahren „unter Tage", so tut sich dem staunenden Zuhörer eine interessante, fremdartige Welt auf.

Mit seinem privat geführten Museum hat Andreas Gabrys erheblich dazu beigetragen, den Luftkurort Lam bekannt zu machen. Diese einmalige Sammlung fungiert nicht nur als Brücke zur Vergangenheit, die sowohl Einheimischen wie auch Feriengästen erdgeschichtliche Entwicklungen aufzeigt, sondern legt vor allem Zeugnis ab über den erstaunlichen Reichtum der Natur.

In der Osserstraße hat der Luftkurort Lam sein „Schmuckkästchen", das Mineralienmuseum.

Der Markt Lam ist bemüht. alle Voraussetzungen dafür zu schaffen, das Lebenswerk von Andreas Gabrys und seiner Frau dem Lamer Winkel zu erhalten.

Die Fürstenzeche in Buchet

Seit über 30 Jahren ruht der Bergbau in der Fürstenzeche. Als bei der Schließung im Jahre 1962 der Eingangsstollen gesprengt wurde, nahm man an, daß dies der endgültige Abschied von der Fürstenzeche sei und man niemals wieder dieses Stollensystem betreten könne.

Im Mai 1993 aber begannen die Freunde der Mineralogie und Geologie, Bezirksgruppe Deggendorf, damit, diesen historisch bedeutungsvollen Stollen wieder aufleben zu lassen und der Öffentlichkeit zugänglich zu machen.

Die Gründung der Fürstenzeche reicht zurück bis ins beginnende 16. Jahrhundert, als durch die Herzöge Wilhelm IV. und Ludwig X. von Bayern der Bergbau stark gefördert wurde. Man suchte damals vor allem nach Silber, Kupfer und Blei.

Aufgrund der reichen Ausbeute in den Anfangsjahren wurde Lam 1522 zur „gefreiten Bergstatt" erhoben. Schon 1550 wurde der Abbau wegen Unwirtschaftlichkeit wieder eingestellt. Auch mehrere Versuche, den Betrieb zwischen 1608 und 1865 wieder aufleben zu lassen, scheiterten.

In unserem Jahrhundert erlangte der in der Fürstenzeche als Gangmaterial beibrechende Flußspat, der in der Vergangenheit als nutzlos auf die Halden befördert wurde, wirtschaftliches Interesse. Flußspat ist ein wichtiger Rohstoff für die Eisenverhüttung. Es gab dafür über hundert verschiedene Verwendungsmöglichkeiten. Das Element Flour, die gefährliche Flußsäure – der Erste Weltkrieg endete mit den gefährlichen Kampfstoffen Gelb- und Grünkreuz, die aus der Flußsäure entwickelt wurden –, Kryolith oder Bauxit wurden zur Herstellung von Aluminium oder als Flußmittel in den Hüttenwerken im Ruhrgebiet gebraucht.

Im Jahre 1928 begann man, die Halden rund um die Fürstenzeche auf Flußspat auszuklauben. Geldmangel ließ diese Unternehmung bald wieder scheitern. Die letzten Fahrten in den Stollen fanden im Rahmen einer staatlich geförderten Lagerstättenuntersuchung zwischen 1952 und 1962 statt.

Damals wurde in der ehemaligen Fürstenzeche in zwei Schichten gearbeitet, von morgens sechs Uhr bis 14 Uhr und ab 14 Uhr bis 22 Uhr. Rund hundert Meter vom Stolleneingang entfernt erreichte man die sogenannte Haspelkammer. Nach weiteren 80 Metern schrägen Abstiegs begann die „43-Meter-Sohle", die mehrere hundert Meter fast waagrecht in den Berg getrieben worden war. Ein weiterer Schacht führte nochmals 40 Meter in die Tiefe bis zur „83-Meter-Sohle". Aus diesem Stollen gelangten die Förderwagen mit Hilfe eines Förderkorbes auf die „43-Meter-Sohle"; auf Schienen wurden sie mit Hilfe einer Haspel hochgezogen. Ein Förderkorb wog beladen fast zwei Tonnen. Die Stollen, in denen damals gearbeitet wurde, waren etwa zwei Meter breit und ebenso hoch, mit Balken abgesichert und durch Karbidlampen spärlich beleuchtet. Eine besondere Gefahr stellte neben dem brüchigen Gestein das Wasser dar, das aus vielen

unterirdischen Quellen Tag und Nacht in die Stollengänge sickerte. Rund um die Uhr lief deshalb eine Wasserpumpe, die das „Absaufen" der Grube verhinderte.

Immer wieder stieß man auch auf Stollen aus der Zeit von 1463 bis Ende des 18. Jahrhunderts, als hier Bleiglanz mit Silbergehalt abgebaut wurde. Diese alten Gänge führten meist besonders viel Wasser.

Es zeigte sich, daß im Bereich der Fürstenzeche weder wirtschaftlich verwertbare Flußspatvorkommen noch Erzvorräte in nennenswerter Menge vorhanden waren. Der Bergbau wurde im Jahre 1962 endgültig eingestellt.

Den Freunden der Mineralogie und Geologie gelang es zwischenzeitlich, den Stollen wieder begehbar zu machen. Unter großen materiellen und finanziellen Aufwendungen öffneten sie den gesprengten Stolleneingang und sicherten ihn. Der alte Stollen ist nun wieder begehbar, und im Sommer 1994 führte man erstmals wieder Einheimische und Feriengäste in den Stollen. Für den Luftkurort Lam entstand damit eine weitere touristische Attraktion.

Besonders Mineralienkenner kommen hier voll auf ihre Kosten, schließlich weist die Fürstenzeche über 70 primäre und sekundäre Gesteinsformen auf.

Sowohl der Markt Lam als auch der Landkreis Cham unterstützen die Bestrebungen, der ehemaligen Zeche neben der historischen Bedeutung auch einen Platz in der Gegenwart einzuräumen.

Liegt eine künftige touristische Perspektive für Lam in den Felsstollen des alten Bergwerks?
Luft und Wasser werden wissenschaftlich untersucht.

Wie in freier Wildbahn – Bayerwald-Tierpark Lohberg

Als Anfang der achtziger Jahre der Lohberger Bürgermeister anfing, laut über einen Tierpark nachzudenken, erntete er mitleidiges Kopfschütteln und Spott.

Ein Tierpark im Bayerischen Wald schien unvorstellbar! Fachstellen votierten dagegen, Ablehnung dieses Projektes allenthalben; doch Lohbergs Bürgermeister gab nicht auf. Allen Widerständen zum Trotz verfolgte er seinen Plan, setzte sein Vorhaben unbeirrbar durch und nach mehrjähriger Planungs- und Bauzeit konnte der Bayerwald-Tierpark Lohberg am 7. Mai 1989 seine Tore für die Besucher öffnen.

Dieser Bayerwald-Tierpark hat es sich zu seiner besonderen Aufgabe gemacht, ausschließlich Tiere zu zeigen, die heute noch im Bayerischen Wald leben oder in der Vergangenheit hier beheimatet waren. Ebenso bemüht man sich, den Aufgaben eines zeitge-

rechten Tierparks gerecht zu werden. Neben dem Erholungsfaktor gehören dazu auch naturkundliche Informationen und Bildung, wissenschaftliche Forschung und Naturschutz. Dafür zeichnet der umsichtige Leiter des Tierparks, Dr. Hans Aschenbrenner, verantwortlich.

Wir alle wissen wie schwer es ist, freilebende Tiere in dichten Wäldern zu beobachten. Durch den Einfluß des Menschen sind sie zu Nachttieren geworden, etwa Rothirsch, Schwarzwild, Fuchs oder Dachs. Andere sind vom Aussterben bedroht, zu ihnen gehören Auer- und Birkhühner. Viele sind bereits ganz verschwunden.

Um den Besuchern das Kennenlernen der typischen Säugetiere und Vögel des Bayerischen Waldes zu ermöglichen, wurde dieser Tierpark auf einer Fläche von über sechs Hektar in einer natürlichen Waldlandschaft

Der Fischotter gehört zu den am meisten gefährdeten Säugetieren Europas.

Schlau und listig, der Rotfuchs gilt aber auch als Gesundheitspolizei des Waldes.

mit Bächen und Teichen geplant und verwirklicht.

Verschiedene Tierarten werden paar- oder gruppenweise in einem Landschaftsausschnitt ihres typischen Lebensraumes dargestellt. Die Haltung von Vögeln in Biotopvolieren ist nicht einfach, sie stellt große Anforderungen an das Pflegepersonal. In einigen Gehegen werden auch mehrere Tierarten, die in freier Wildbahn denselben Lebensraum bewohnen, zusammen gehalten. So findet man in der großen Flugvoliere Ringel- und Hohltauben, Tannenhäher, Turmfalken, Schwarzstorch und Krickenten zusammen um einen Waldteich.

In der Auerhuhnanlage lebt auch der Rauhfußkauz als Bewohner des Bergmischwaldes. Da dieser auf hohle Bäume angewiesen ist, hat er nur eine Chance, wenn alte „Spechtbäume" in seinem Lebensraum erhalten bleiben.

Neben dem Birkhuhngehege mit Hochmoor, in dem im Frühjahr balzende Hähne zu beobachten sind, liegen die Anlagen für Luchs, Waschbär und Wildkatze, anschließend daran das Wolfsgehege.

Wo immer möglich, hat man im Bayerwald-Tierpark versucht, auf Zäune und Gitter zu verzichten. Die Lebensräume von Fuchs und Dachs sind durch einen Wassergraben getrennt. Da diese Tiere nachtaktiv sind, hat man für die Besucher die Möglichkeit geschaffen, in ihren Bau zu gehen und durch große Glasscheiben in das im Halbdunkel gehaltene Höhlen- und Röhrensystem Einblick zu bekommen. Gelingt gar eine Nachzucht, so kann man die ansonsten kaum zu beobachtende Aufzucht der Jungen im Bau miterleben.

In weiteren Gehegen findet man Baum- und Steinmarder, Iltis und heimische Eulenarten, vom nur amselgroßen Sperlingskauz bis zum „König der Nacht", dem Uhu, mit einer Flügelspannweite von ungefähr 170 Zentimetern.

Ebenso werden heimische Brutvögel und Graureiher, Weißstörche, Entenarten und Watvögel gezeigt.

Nicht unerwähnt dürfen die großartigen Bemühungen um eine Nachzucht des Auerwildes mit anschließender Auswilderung bleiben. Hier setzt das Team um Dr. Aschenbrenner internationale Akzente.

Auch Pflanzenfreunde kommen im Areal des Bayerwald-Tierparks auf ihre Kosten. In verschiedenen Teilen des Parks werden die Pflanzen in ihren typischen Lebensräumen dargestellt.

Gleich am Eingang des Tierparks befindet sich ein großzügig angelegter Streichelzoo. Hier können die Kinder Ziegen, Hasen und Meerschweinchen streicheln und füttern.

Der Uhu ist unbestritten der König der Nacht.

Verschläft den ganzen Tag:
Der Habichtkauz galt bei uns als ausgestorben und soll jetzt wieder heimisch gemacht werden.

Wolf, Luchs und Auerhuhn

Die Mär vom „bösen Wolf"

Als am 28. Januar 1976 aus einem Gehege im Nationalpark Bayerischer Wald neun Wölfe ausbrachen, lautete eine Schlagzeile: „Hungrige Wölfe bei sibirischer Kälte entkommen!" Die Ereignisse überschlugen sich, als sich eine junge Wölfin einer Gruppe spielender Kinder näherte. Ein kleiner Junge rannte davon, die Wölfin hinterher. Obwohl das Tier ihn nur am Hosenboden faßte und ihm einen kleinen Kratzer beibrachte, titelten die Zeitungen: „Nationalpark-Wolf zerfleischt kleines Kind".

Das Innenministerium entsandte eine Hundertschaft Bereitschaftspolizisten, das Landwirtschaftsministerium staatliche Berufsjäger und Fernsehteams wurden mit dem Hubschrauber eingeflogen. Das Nationalparkamt organisierte große Wolfsjagden und mancher Hund wurde als „Wolf" erschossen. Schließlich dauerte es zwei Jahre, bis die scheuen Wölfe nacheinander erschossen wurden.

Was ist das für ein Tier, das bei Menschen solche Emotionen und Energien zu seiner Vernichtung freisetzen kann? Seit Jahrhunderten wird der Wolf verfolgt wie kaum ein anderes Lebewesen; er geistert durch Märchen, Fabeln und Filme als reißende Bestie, als Symbol des Bösen schlechthin.

Wenn auch die Ähnlichkeit mit dem Schäferhund verblüfft, bitte nicht streicheln.

Über Jahrtausende war das Verhältnis zwischen Mensch und Wolf friedlich. Es gab keine Konkurrenz beim Jagen und Sammeln, die Bauern bewirtschafteten die wenigen Felder und die Wölfe lebten in den ausgedehnten Wäldern vom Wild.

Der Wolf wurde damals von vielen Völkern verehrt. Auch die altgermanische Mythologie kannte die Stärke und Tapferkeit des Wolfes. Der Kriegsgott Wotan wurde von zwei Wölfen begleitet; eine Wölfin säugte und beschützte Romulus und Remus und wurde so zum Wahrzeichen Roms.

Erst um die Jahrhundertwende, als die Bevölkerung rasch zunahm, immer mehr Wälder für die Ernährung der Menschen gerodet wurden und die einstigen Jäger die Viehhaltung erlernten, wandelte sich die Verehrung um in Haß.

Der Wolf fand in den folgenden Jahrhunderten seine Beute in den wildreichen Jagdgebieten des Adels oder in den Viehbeständen der Bauern, deren Existenz dadurch bedroht war. Mit grausamen Jagdgeräten, wie Wolfsangel, Wolfsschlinge, und auf Treibjagden wurde den Wölfen nachgestellt. Nebenbei verfolgte man auch die anderen Feinde der bäuerlichen Wirtschaft, die Hirsche und die Rehe. So verwundert es nicht, daß zu Beginn des 19. Jahrhunderts die Hirsche im Bayerischen Wald ausgerottet und Rehwild selten war. Im Jahre 1847 wurde im Bayerischen Wald der letzte Wolf, 1856 der letzte Bär erlegt. Weit über hundert Jahre lang gab es weder Bären noch Wölfe oder Luchse.

Und wie sieht es heute damit aus in den Wäldern des bayerisch-böhmischen Grenzgebirges? Fast unbemerkt von der Bevölkerung ist der Wolf wieder im nahen Böhmerwald aufgetaucht. Mitte der neunziger Jahre sollen bis zu 12 Exemplare dort leben; glaubt man den Forstleuten, so ist der eine oder andere Wolf auch auf bayerischer Seite „zu spüren".

Da der Wolf beiderseits der Grenze strengen jagdlichen Schutz genießt, ist damit zu rechnen, daß er – ebenso wie der Luchs – wieder Bestandteil unserer Wälder wird.

Nun stellt sich die Frage: Wie gefährlich ist der Wolf wirklich?

Tatsache ist, daß in den letzten 50 Jahren, seit es eine wissenschaftliche Wolfsforschung gibt, weltweit kein Fall bekannt wurde, bei dem ein Wolf einen Menschen getötet hat.

Heute leben Wölfe in vielen europäischen Staaten, von Skandinavien über Ost- bis Südosteuropa, in Italien und in Spanien. Kaum ein Mensch hat von der Anwesenheit dieser Tiere je etwas bemerkt. Der Wolf ist viel zu scheu, um die vertrauten tiefen Wälder zu verlassen.

Nach dem berühmten Wolfforscher Erik Zimen „ist nicht der Wolf dem Menschen gefährlich, sondern der Mensch dem Wolf".

Der Luchs im Lamer Winkel

Nach dem Wegfall des „Eisernen Vorhanges" kann sich auch der Luchs rund 150 Jahre nach seiner Ausrottung wieder im Bayerischen Wald ausbreiten. Bereits 1988 sind in den Wäldern um den Osser drei glaubhafte Begegnungen mit der gefleckten Waldkatze bekannt geworden. Auch wenn wir in den kommenden Jahren vermehrt mit ihrer Zuwanderung rechnen können, so wird es doch eine große Ausnahme sein, ihr in freier Wildbahn zu begegnen.

Wie man aus bisherigen Untersuchungen weiß, nutzt ein Luchs etwa 4000 Hektar Waldfläche. Beim Durchstreifen dieser Gebiete legt er täglich zwischen zehn und 30 Kilometer zurück.

Mit bis zu 30 Kilogramm Körpergewicht hat der Luchs etwa die Größe eines Schäferhundes.

Seine Beuteliste reicht von der Spitzmaus bis zu Hase, Katze, Fuchs und Reh.

Im Gegensatz um Wolf und Fuchs hetzt der Luchs seine Beute nicht. Vermag er nicht nach einem blitzartigen Angriff ein Beutetier mit einem kräftigen Biß niederzureißen, gibt er nach höchstens 20 Metern die Verfolgung auf. So sind dann auch nur 50 bis 60 Prozent aller Jagdzüge erfolgreich.

Ähnlich wie beim Wolf wird sicherlich die Frage gestellt: Ist der Luchs für den Wanderer eine Gefahr? Diese Befürchtung kann aber nur mit einem eindeutigen „Nein" beantwortet werden. Die Waldkatze ist viel zu scheu, um sich einem Menschen auch nur zu nähern. Selbst ein etwa mit Tollwut infizierter Luchs wird nicht angriffslustig.

Wer die Großkatze näher kennenlernen möchte, hat hierzu im Bayerwald-Tierpark die einmalige Gelegenheit.

Das Auerhuhn soll überleben

Der Auerhahn gehört zu den Vögeln, die man am ehesten mit dem Bayerischen Wald in Verbindung bringt. Viele Vereine und Institutionen haben den Auerhahn als Wappentier für sich gewählt, so auch der Naturpark Bayerischer Wald oder die Ökoregion Lam-Lohberg.

War das Auerhuhn in den Mittelgebirgen ganz Deutschlands verbreitet, so war doch der Bayerische Wald ein Haupteinstandsgebiet dieses urigen Vogels und hier besonders die

Einen balzenden Auerhahn erleben: im Bayerwald-Tierpark ist dies von Februar bis Juli möglich.

Waldreviere im Lamer Winkel zwischen Kleinem Arber, Enzian und Mühlriegel im Westen, im Osten der Grenzkamm vom Zwercheck zum Osser und im Norden der Hohe Bogen.

Lag die Zahl der balzenden Hähne um 1950 noch bei ungefähr 70 Stück, so waren es 1959 – dem Gründungsjahr des Auerwildhegeringes Lamer Winkel – an die 50 Exemplare und 1980 konnten nur noch drei Hähne nachgewiesen werden.

Seit 1971 ist der Auerhahn in Deutschland ganzjährig geschont und trotzdem hat die Population ständig weiter abgenommen. Der schnelle Bestandszerfall war Anlaß für namhafte Wildbiologen, sowohl das Verhalten des Auerhuhns wie auch die Ursachen des Rückganges intensiv zu erforschen.

Auerhühner sind sehr störungsempfindlich. Pisten, Liftanlagen, Loipen und andere höhergelegene Freizeitanlagen beeinträchtigen das Auerhuhn. Diese Störungen müssen vermindert werden. In den Hochlagen am Grenzkamm Osser–Zwercheck und zwischen Kleinem Arber und Enzian–Mühlriegel sind Ruhezonen für das Auerwild ausgewiesen worden.

Außerdem wird der negativen Bestandsentwicklung mit „Ausbürgerungsmaßnahmen" entgegengewirkt. In menschlicher Obhut werden Jungvögel nachgezüchtet und den bodenständigen Populationen zugeführt. Allein im Areal der Auerwildhegegemeinschaft Lamer Winkel wurden seit Mitte der achtziger Jahre weit über hundert Jungtiere ausgebürgert.

Bei all diesen Maßnahmen geht es nicht um das Auerhuhn allein. Ziel ist schließlich, eine artenreiche Flora und Fauna zu erhalten, in der auch das Auerhuhn seinen berechtigten Platz hat. Der Bayerwald-Tierpark in Lohberg – Zentrum der Auerhuhnforschung – zeigt diesen typischen Waldvogel, den wir hoffentlich bald wieder in den Wäldern rund um den Lamer Winkel erleben dürfen.

Sagen aus dem Lamer Winkel

Gerade in abgeschiedenen ländlichen Gegenden wie dem Lamer Winkel ist oft ein reicher Sagenschatz überliefert. Das Erzählen von Sagen und Geschichten war früher eine der wenigen Unterhaltungsmöglichkeiten, die die Menschen an langen Winterabenden hatten.

Eine der populärsten Sagenfiguren dürfte zweifelsohne der „Osser-Riese" sein, der der Ferienzeitung im Lamer Winkel seinen Namen gab.

Der Osser-Riese

Die Gestalt des Osser-Riesen entstammt einer alten Sage.

Es lebte einst am Osser ein Riese, der so groß und breit war, daß ihn die Eichkätzchen für einen Baum hielten und an ihm auf- und abkletterten. Der Riese prahlte, sein Großvater wäre so groß gewesen, daß ihm der Osser nur bis an die Knie reichte und er dauernd gebückt gehen mußte, weil er sonst an die Wolken gestoßen wäre. Als er dann um eine Riesin freien ging, steckte er sich einen blühenden Apfelbaum an sein Leibl.

Wenn der Osser-Riese seine Füße waschen wollte, so steckte er den einen in den Schwarzen See und den anderen in den Teufelssee. Da gab es jedesmal eine große Überschwemmung.

Roßfleisch aß er besonders gerne. Darum raubte er zuweilen einen Hengst aus einer Herde oder spannte den Fuhrleuten die Rösser aus und fraß sie samt Geschirr und Hufeisen.

Als ein Waldhirte mit Steinen nach ihm warf, packte er ihn und schob ihn wie Schmalzler in seine Nase. Eines Tages drangen die

Menschen in sein Reich ein und errichteten im Wald eine Glashütte. Als einmal die Glasmacher und ihre Familien in einem Kirchlein zu Gott beteten, bückte er sich und schaute neugierig zum Fenster hinein. Um alles besser und bequemer beobachten zu können, setzte er sich hin und stellte das ganze Kirchlein auf seine Knie.

Schließlich wurde er wegen der ständig um sich greifenden Rodungen der Wälder und der lärmenden Geschäftigkeit der Menschen immer verdrossener. Eines Tages riß er dann einen turmhohen Fichtenstamm aus dem Boden, stieß ihn durch das Dach der Glashütte

Ideale Kulisse für Sagen und Märchen.
Daß sich viele um den Osser ranken –
wen wundert's?

und quirlte damit die erschreckten Glasmacher durcheinander. Dann packte er einen riesigen Felsbrocken und wälzte ihn gegen die Glashütte. Donnernd polterte dieser zu Tal und Mensch und Tier flüchteten.

Nur zwei Kinder hatten von alldem nichts bemerkt. Dicht vor ihnen rollte der Fels aus. Als die Kinder davon erwachten und den Riesen erblickten, reichte ihm eins davon eine Springwurz und sagte: „Da, schnupf dieses Kräutl!" Der Riese nahm die Wurz und schob sie in seine Nase. Im gleichen Augenblick tat es einen gewaltigen Krach und den Riesen zerriß es in tausend und abertausend Sonnenstäublein.

Der Teufelstritt

Wenn man vom Sattel aus zum Großen Osser wandert, findet man bald nach der Einmündung des alten Lambacher Weges zur linken Hand einen Felsen, auf dem der Eindruck eines Hufes zu sehen ist.

Wie der in den Stein kam, schildert die Sage vom Teufelstritt:

Vor vielen, vielen Jahren stand auf dem Gipfel des Großen Ossers eine Burg, deren Herr fromm und gottesfürchtig war. Oft griff er in seine volle Schatztruhe, ritt dann zu Tal und verteilte Goldmünzen an die armen und kinderreichen Familien im Lamer Winkel.

Und als der Kaiser zum Kreuzzug aufrief, verließ er auf der Stelle seine schöne Burg, heimgekommen aber ist er nicht mehr. Sein Sohn und Erbe hatte nichts von des Vaters Güte. Er feierte rauschende Feste und verschleuderte das, was seine Ahnen an Reichtümern hinterlassen hatten. Als die Schatztruhen leer waren, rief er den Teufel zu Hilfe. Der Höllenfürst schloß mit ihm einen Vertrag. Dreißig Jahre lang wollte er dem Ritter soviel Geld zur Verfügung stellen, wie dieser forderte. Nach Ablauf dieser Zeit, aber sollte er dessen Seele bekommen. Der Ritter lebte weiterhin in Freuden, wurde aber im Verlauf der Jahre immer nachdenklicher und stiller. Im dreißigsten Jahr des Vertrages konnte seine fromme Gemahlin ihn überreden, Buße für seine Sünden zu tun und eine Wallfahrt zu unternehmen. Als nun die Frist des Vertrages abgelaufen war, kam der Teufel auf die Burg. Als er merkte, daß die Burg verlassen und er um die Seele des Ritters geprellt worden war, sprang er wütend vom Ossergipfel herunter. Mit einem Huf kam er auf dem Felsen auf und hinterließ von der Wucht des Aufsprungs diesen Abdruck. Seitdem heißt der Felsen der „Teufelstritt".

Maler und Dichter
aus dem Wald

Der Maler des Waldes

Rupert Zach war kein Kind des Bayerischen Waldes, sondern stammte aus dem Gäuboden, der fruchtbaren Ebene an der Donau. Geboren am 2. November 1927 in Fierlbach, kam er erst als Zwanzigjähriger in den Wald, um den Beruf des Lehrers auszuüben.

Er sah den Wald und liebte ihn.

Rupert Zach verstand es als Maler den Wald so darzustellen, wie ihn Georg Britting in seinem Gedicht „Der Böhmerwald" beschrieb:

Das ist nicht ein Wald, wie sonst einer,
Der Böhmische Wald.
Er ist so schwarz, wie sonst keiner –
Es hat ihn noch keiner gemalt
Wie er ist.

Rupert Zach vermochte es, den Wald so zu zeigen, wie er wirklich ist. Mit kraftvollen, leuchtenden Farben fing er sommerliches Licht ein, mit düsteren, schwermütigen stellte er die Reize des Waldwinters dar. Er verstand es meisterlich, charakteristische Waldlerhäuser zu einer wesentlichen Erscheinung werden zu lassen und durch den Widerhall seiner Farben in ein sanftes, beruhigendes Licht zu tauchen.

Hunderte Ölgemälde, Aquarelle, Temperabilder, Monotypien und Federzeichnungen voll künstlerischer Intuition legen Zeugnis ab von der Vielseitigkeit dieses genialen Malers unseres Waldes.

Leider aber waren ihm nur wenige Jahre am Fuße des Ossers beschieden, wo er zusammen mit seiner Frau Elisabeth sein Heim baute. Am 23. April 1969 holte ihn bei einer Skitour am Arber der Tod.

Der Markt Lam wird die Erinnerung an seinen großen Künstler wachhalten. Die Witwe Elisabeth Zach will den noch in ihrem Besitz befindlichen Nachlaß dem Markt Lam als Dauerleihgabe für eine ständige Ausstellung widmen; der Sattelweg, an dem Zachs Haus steht, wurde in Rupert-Zach-Weg umbenannt.

Mundartdichtung als Volkskunst

Ebenso wie Musik und Gesang hat sich die Mundartdichtung immer wieder mit der Schönheit der Landschaft und der Liebe zur Heimat befaßt. Erst nur für den „Hausgebrauch" bestimmt, gelangen diese Gedichte bei Ehrungen, Veranstaltungen und festlichen Anläßen an die Öffentlichkeit.

Gruß an Lam

Vom Süden her der Arber grüßt,
durchs Tal der Weiße Regen fließt.
Maria Hilf auf Bergeshöh'n,
wo nahebei die Osser steh'n.
Der Hohe Bogen schaut herein,
der Kaitersberg im Sonnenschein!

Am Markt die alte Kirche steht,
im Ort manch Häuserl sturmumweht.
Die Menschen sind dem Walde treu,
die Bergluft macht die Seele frei.
Aus Spiel und Tanz, aus Lied und Sang,
die Lieb' zur Heimat immer klang.

Kehr ich nun in die Stadt zurück,
so gilt Dir Lam mein letzter Blick.
Ich grüß' die Berge, grüß die Höh'n
und sag voll Freud auf Wiederseh'n!
Das einzige was ich mit mir nahm,
das war das Zeitlang nach dem Lam!
Obwohl so fremd ich daher kam,
ich war zu Haus im schönen Lam!

Ernst Plötz, Lam

Da Woid und d' Lam

I wißt net, wou e löiba wa
als wöi en Woid.
Da liabe God sogt 's söibar a,
daß 's eahms do gfoit.

Gsagt hot as und na hot a glocht.
Des hot a do!
I häit n a net anas gmocht,
na grod a so.

De Stod kunn da boid zwida wean,
de mocht de hi.
En Woid bist oiwei wieda gean,
des sog dar i.

Und d' Lamara wennst schmatzn höast,
na wiad da woam.
Und wennst bei eahna hausn deast,
bist wöi dahoam.

Schaugst d' Wiesn o und d' Föidar a
obm vo da Bänk
af d' Nacht, na funkln d' Löidala
von olle Häng.

Und öimoi hoitst a sechas Löid
scho für an Stean,
owa du moist, des Löidal möit
a Steanal wean.

Mei Lam, bist 's hoibad Paradies,
du liaba Fleck!
Und von da Lam zon Himmi is
koa weida Weg.

Und a en Himmi, des is gwiß,
schmatznds oizamm,
de Engal und wer no duat is,
wöi en da Lam.

I plärrat, wenn e fuat möit! Glaubt 's
daß me i scham?
Da liabe God ist übahaupts
a vo da Lam!

Hugo Pokorny, 1927–1967

's Moartal af da Straß!

Do foahst mitn Auto
af da Landstraß dahie,
schaußt links und rechts auße
und denkst da füa die:
Wai schnai gaiht des heit
de Raserei.
Kam sehgt ma ebs schaöhs
iß scho wieda vobei.
Do staiht am Woidrand
a Moartal, gaih hoit a weng staad,
ware des gean oschau und lesn dat.
Do wiast a weng dase,
denksta, haits aitz des braucht,
daß dea Bou do, mit achtzea Joh
sei Lem hot ausghaucht?
Du betst a Vataunsa,
es wiard da ganz eng,
fragst, wo iß do dem Buam
woi sei Schutzengal gwen?
Do heast nemat dia a Stimm,
ganz staad, sched highaucht;
dea hot me ned gmight,
dea hot me net braucht.

Lisl Neumaier, „Moastabäurin", Lam

Dahoam

Dahoam is dahoam!
Wi oft spricht ma des Woad
af da ganzen Welt,
in an jeden Oad,
ob in da Stadt drin
oder auf'n Land
dahoam, des Wördl is überall bekannt.

Is ma woanders
bei andre Leut
die Gegend is schöi
man hat auch a Freud
dahoam is am schönsten
des is amoi gwis
a wenn so manches
net so schöi is.

Gern nimmt ma sei Packl
man freud se scho drauf
wenn man dahoam sei Stub'mtür sperrt auf
dann hoazt ma se ei
dann wird Stub'm wacherlwoarm
so gfoids uns am Besten
dahoam is dahoam!

Georg Billig, „Brennes Girgl", Lam

Die „Lamer Sänger"

Zu den erfolgreichsten Interpreten waldlerischen Liedguts gehören die „Lamer Sänger". Man kennt sie seit über 40 Jahren, freilich einst in anderer Besetzung als heute. Als dieser Viergesang im Jahre 1951 seine Urständ hatte, da wußte man im Lamer Winkel, daß man um ein paar engagierte Heimatpfleger reicher geworden war. Der Lamer Gastwirt Georg Vogl, im Volksmund der „Bräu-Schorsch" gründete diese Sängergruppe. Zu ihm gesellten sich der Bezirkskaminkehrermeister Karl Bauer, der Kaminkehrer Alois Seidl und der Gastwirt Willi Stiegler. Ihrem Debüt folgten erfolgreiche Sängerjahre. Den „Zwieseler Fink", den begehrtesten Volkslied- und Brauchtumspreis des Bayerischen Waldes, holten sie nach Lam. Alois Seidl, dem aktiven Fußballer, war das Wochenende zu kurz; er schied aus dem Viergesang aus. Die Lücke aber wurde schnell gefüllt. Der „Bräu-Schorsch" fand im Landwirt und Holzkaufmann Josef Eckl einen Sangesfreund mit Gold in der Kehle. Eine knappe Zeit später verließ der Gastwirt Willi Stiegler seine Heimatgemeinde und damit auch die „Lamer Sänger". Jetzt war es Josef Eckl, der für Ersatz sorgte und seinen Freund, den Gastwirt und Metzgermeister Josef Achatz aus Ottenzell gewinnen konnte. Die „Lamer Sänger" waren wieder komplett. Viele Verpflichtungen folgten: der Viergesang war begehrt, wo immer ein Heimatabend stattfand.

Man wollte es nicht glauben, doch im Jahre 1968 verstummte die Stimme des Baßsängers „Bräu-Schorsch" für immer. Plötzlich und unerwartet verstarb er im besten Mannesalter von 39 Jahren. Die Hiobsbotschaft drang weit über die Grenzen Lams und Bayerns hinaus nach Österreich zu den großen und bekannten Volksliederinterpreten. Drei gute Sänger und

Die Lamer Sänger: v.l. Josef Achatz, Josef Eckl, Ernst Neumaier und Xaver Winter.

Kameraden blieben zurück und es wurde still um sie. Erst 1971 folgte ein Neuanfang. Am Stammtisch beim „Meil" in Haibühl saßen Josef Eckl, Josef Achatz und Ernst Neumaier. Man unterhielt sich über die Vergangenheit der „Lamer Sänger" und fand neue Wege: Ernst Neumaier wollte mitsingen; für den Baß kam Kaufmann Xaver Winter aus Haibühl, der spätere Bürgermeister der Gemeinde Arrach. Ein neuer Grundstein war gelegt. Die Proben begannen, und als dieser neue Viergesang beim Adventssingen in Ottenzell sein Debüt gab, da wußte man: die „Lamer Sänger" sind wieder da! Und so haben sie dem Lamer Winkel und ganz besonders dem Namen „Lam" in all den zurückliegenden Jahren viel Ehre gemacht. Noch heute sind sie begehrt wie eh und je, ob Heimatabend oder überregionale Veranstaltung: die „Lamer Sänger" sind dabei. Sie singen die „Waldlermesse", die bekannte „Bauernmesse", bei Trauungen oder ein Abschiedslied, wenn es gilt, einem Waldler das letzte Geleit zu geben.

Wo man sie hört, ist man beeindruckt. Im Rundfunk sind die „Lamer Sänger" ein Begriff. Immer wieder holt man sie zu Aufnahmen, auch ins Ausland. Sie standen auf der Bühne des bekannten „Bruckner-Hauses" in Linz, sie sangen in Salzburg bei internationalen Volksliederabenden und sie wurden geholt, wenn in den Städten Bayerns und darüber hinaus folkloristische Festlichkeiten ausgerichtet wurden. Unvergessen bleibt ihre Mitwirkung bei der großen Weihnachtssendung des Zweiten Deutschen Fernsehens. Zusammen mit bekannten Weltstars interpretierten sie weihnachtliche Lieder. Das Lied „Der Engel des Herrn" war ihr vielbeachteter Beitrag.

Ende 1994 erhielten die „Lamer Sänger" im Rahmen eines Festaktes als hohe Auszeichnung die Bürgermedaille des Marktes Lam. Josef Achatz, Josef Eckl, Ernst Neumaier und Xaver Winter haben sich durch ihr Auftreten und ihren Gesang um den Lamer Winkel verdient gemacht. Seit 43 Jahren stehen die „Lamer Sänger" für die Pflege heimatlichen Liedgutes.

Früher Oktobermorgen:
Blick vom Kaitersberg zum Osser.

Wandern durch ein Meer von Wäldern

Ein Herbsturlaub im Waldland des Lamer Winkels gilt unter Kennern immer noch als Geheimtip.

Im Herbst, wenn die Luft wieder abkühlt und das Wetter unter einem sprichwörtlich bayerisch-blauen Himmel beständig bleibt, wenn sich eindrucksvolle Fernblicke bis hin zur Alpenkette bieten, dann ist die hohe Zeit des Wanderns angebrochen. Kaum eine Landschaft eignet sich dazu besser als der Lamer Winkel im Bayerischen Wald.

Spricht man im Gesamtbereich des Bayerischen Waldes von etwa 60 Gipfeln über der „magischen 1000-Meter-Grenze", so kann man im Lamer Winkel getrost behaupten, daß sich nirgends mehr Waldberge dieser Größe auf so engem Raum auftürmen, als rund um das Tal des Weißen Regens. Wo auch sonst kann man „an einem Tag über acht Tausender" wandern?

Neben Tagestouren zu Osser, Arber, Riedelstein, Kaitersberg oder Hohen Bogen bieten sich auch weniger anstrengende Halbtageswanderungen an, etwa zum Bergkircherl Maria Hilf, zu den Einödhöfen der Waldbauern an den Hängen des Kloster-Rotter-Waldes, zum Kleinen Arbersee mit seinen schwimmenden Inseln oder einfach Spaziergänge wie nach Lambach oder auf dem Panoramaweg von Oberschmelz übers Himmelreich bis Berghäusl und zum Wildgehege in Silbersbach. Überall aber tun sich faszinierende Blicke in den Lamer Winkel auf, oder hinauf zu den Waldbergen, die diese Landschaft umkränzen.

Allein über die Wandermöglichkeiten rund um den Luftkurort Lam und im Lamer Winkel ließe sich getrost ein Buch schreiben.

Trotz eines hervorragend ausgebauten Netzes von Berghütten, Schutzhäusern und

An klaren Herbsttagen reicht der Blick vom Waldgebirge bis hin zur Alpenkette.

Ausflugsgaststätten entlang der Wanderwege, gibt es noch viele Touren, bei denen Rucksackverpflegung notwendig ist. Steigendes Umweltbewußtsein und eine wachsende Sensibilisierung gegenüber der Natur lassen hoffen, daß die verbreitete Unsitte, Abfälle einfach am Berg und im Wald zurückzulassen, der Vergangenheit angehört. Positive Erfahrungen mit der Entfernung von Abfallkörben im Nationalpark Bayerischer Wald und im bayerischen Oberland sollen auch im Lamer Winkel Einzug halten.

Einige besonders schöne Touren wollen wir herausgreifen und ausführlich schildern.

Auf Schmugglerpfaden zum Osser

Schon der Name verrät, daß diese Wanderung an vergangene Zeiten erinnert, daß sie die Geschichte der Grenze und der Grenzgänger erzählt.

„Mir samma dö Schwirza vom Landl, mir schwirz ma af da böhmischen Grenz. Mir schwirz ma a Soiz und an Zucka und schwanz ma d' Finanzer a weng!" So lautet der erste Vierzeiler des bekannten „Schwirzer-Liedes", das noch heute zu den Raritäten waldlerischen Liedgutes zählt. Wer alle Strophen dieses Liedes kennt, ist geneigt, die „Schwirzerei", das Schmugglerwesen von damals, als Witz und Zeitvertreib zu verstehen. Das ist aber nicht richtig. Schlechte Zeiten, Armut

Zu einer richtigen Wanderung gehört eine deftige Brotzeit. Auch an den vierbeinigen Begleiter wird gedacht.

und Not im Land waren die Ursachen für die illegalen Grenzübertritte. Salz wanderte hinüber und aus Böhmen kamen Zucker, Sacharin, Mehl und andere Lebensmittel, aber auch Textilien. Am meisten war mit Schnaps verdient, dem böhmischen Rum.

Zwischenzeitlich haben sich die Verhältnisse im Nachbarland jenseits des Ossers wesentlich verändert. „Geschmuggelt" wird heute wieder, in erster Linie Zigaretten, aber niemand nimmt mehr mühselige und gefährliche Nachtmärsche auf sich, um das Schmuggelgut unbemerkt über die Grenze zu schaffen.

Ausgangspunkt für die beschriebene Wanderung ist Lambach. Wer an einer der geführten Wanderungen auf dieser Route teilnimmt, erfährt hier schon viel Wissenswertes über die Geschichte des verträumten Walddörfchens, vom Glas und von den Glasmachern. Erfin-

Am Gipfelkreuz des Großen Osser (1293 m). Im Hintergrund das Arbermassiv mit der höchsten Erhebung im Bayerischen Wald, dem Großen Arber (1456 m).

dungen, die die Glasherstellung geradezu revolutionierten, gingen von hier aus um die ganze Welt.

Von Lambach aus verläßt man Straßen und Wege und begibt sich auf zum Teil kaum mehr bekannten und benutzten Wegen früherer Holzhauer waldeinwärts. In gerader Linie führt der Aufstieg, der oft neu angelegte Forstwege quert, zum Stierplatz. Hier trifft man zum ersten Mal auf eine Schutzhütte der Grenzüberwachungsorgane, ein Relikt aus der Zeit des Kalten Krieges. Weiter führt der Weg bergauf und ohne Markierung bis zur Kleinen Brandwiese, direkt an der Grenze zu Tschechien. Der Ausblick von diesem etwa 1100 Meter hoch gelegenen Punkt hinunter in den Lamer Winkel und hinüber zum Kaitersberg läßt tief durchatmen.

Von der Kleinen Brandwiese aus geht man entlang der Grenze Richtung Großer Osser.

Die weiß-blauen Grenzpfähle stehen noch am Gipfelkamm. Direkt hinter dem Felsmassiv jedoch führt seit Mai 1995 der „Künische Grenzweg" von Bayern nach Böhmen. Ausweis ist Pflicht! Das Schutzhaus der Lamer Waldvereinssektion am Großen Osser ist endlich wieder von beiden Seiten zu erreichen.

Gelegentlich pfeift hier oben der „Böhmische Wind" recht ordentlich, so daß gute Wanderkleidung nötig ist. Nach einem gemütlichen Aufstieg von einigen hundert Höhenmetern wird das Gelände flacher. Der Pfad führt nun fast eben durch den Hochwald und die nächste halbe Stunde Wegstrecke bis zur Großen Brandwiese ist Erholungszeit. Hier oben findet man zwischen tiefem Gras und Heidelbeersträuchern ein ideales Brotzeitplätzchen.

Der weitere Weg verläuft direkt am Kamm und beschreibt dabei einen Halbkreis. Auf steinigem Pfad nähert man sich bergwärts dem Weißen Riegel, auch Jägerhübel genannt. Am Grenzstein mit der Nummer 22/0 ist nochmals Platz für eine Rast vor dem Gipfelsturm. Hier zweigt halbrechts der Neukirchner Steig ab, der wie so viele andere von unserer Seite aus ins Böhmische führt.

Weiter der Grenze entlang, ist nach kurzer Zeit das erste Steilstück erreicht. Nach weiteren 45 Gehminuten erreicht man den Aufstieg zum Großen Osser, wobei die letzten Meter teils auf allen Vieren in leichter Kletterei überwunden werden. Der Gipfel des Großen Ossers ist geschafft.

Hier oben tut sich die Welt nach allen Seiten auf und weit schweift der Blick hinüber nach Böhmen, hinunter bis zum Rachel oder nach Süden hin in die bayerischen Alpen.

Im Schutzhaus, seit Jahrzehnten von der Familie Kaml geführt, ist bestens für das leibliche Wohl gesorgt; hier besteht auch – in der Hauptsaison nach Voranmeldung! – die Möglichkeit zu übernachten.

Den Abstieg wählt man am besten über den Kleinen Osser in Richtung Sattel. Auf der Osserwiese, einer ehemaligen Hochweidefläche, läßt sich gut verweilen. Herrlich ist hier der Blick auf den Lamer Winkel und die Bergkette der „acht Tausender". Vorbei am Bergkircherl Maria Hilf kehrt man zurück zum Ausgangspunkt Lambach.

Gerade bei dieser Tour empfehlen wir die Teilnahme an einer Wanderung mit einheimischem Führer, da die beschriebenen Wege nicht offiziell ausgeschildert sind und die „Schmugglerpfade" ihren besonderen Reiz ja aus den Erzählungen des Wanderführers ziehen.

(Gehzeit: ca. 5 bis 6 Stunden, Tourenbeschreibung von Adi Zelzer, Lam)

Viele verschiedene Aufstiegsmöglichkeiten erschließen den Großen Osser. Eine Besonderheit kommt dabei einem erst im Mai 1995 beschilderten Weg zu.

Unterhaltsam und informativ sind Wandertouren mit erfahrenen einheimischen Führern.

*Von allen Himmelsrichtungen führen Wanderwege zum Osser.
Ein letztes Rasten vor dem Gipfelanstieg.*

Der Künische Grenzweg

Nach jahrelangen Verhandlungen war es im Frühjahr 1995 endlich soweit: Am 3. Mai konnte unter zahlreicher Beteiligung von lokaler Politprominenz am Großen Osser ein Grenzübergang im Rahmen eines Abkommens über den Kleinen Grenzverkehr eröffnet werden. Zugleich wurde ein neuer Wanderweg eröffnet, der den Osser nun von beiden Seiten den Wanderern erschließt.

Vom Marktplatz in Luftkurort Lam aus führt der Weg (Markierung in deutsch und tschechisch, Symbol ist das Wappentier der Künischen Freibauern, der doppelschwänzige Löwe mit Krone und Zepter) vorbei an der Jugendherberge und der Totenbrettergruppe des Lamer Heimatvereins „d' Ossabuam" durch den Hochwald zur Wallfahrtskapelle Maria Hilf mit farbigen Kirchenfenstern aus der Glasmacherzeit. Über den Wanderparkplatz „Sattel" führt die Markierung zur Osserwiese in Richtung Kleiner Osser (1266 m).

Vorbei an der Künischen Grenzkapelle, die in den Jahren 1985/86 von der Waldvereinssektion Lam unter großer Beteiligung der Bevölkerung als Zeichen der Verbundenheit zwischen Bayern und Böhmen errichtet wurde, beginnt der Anstieg auf den Gipfel.

Der Grenzübertritt erfolgt in der Nähe des Schutzhauses. Selten wird hier kontrolliert; Ausweispapiere sind aber vorgeschrieben.

Auf tschechischer Seite führt der Künische Grenzweg abwärts nach Hamry (Hammern). Unterwegs bietet sich – gut markiert – ein Abstecher zu zwei wahren Naturschätzen: zum Schwarzen See und zum Teufelssee. Nach Sagen aus dem Gebiet um den Teufelssee und der Wolfsschlucht schuf Carl Maria von Weber seine berühmte Oper „Der Freischütz". Hier sollen in früherer Zeit die Wildschützen ihre „Freikugeln" gegossen haben. In sternlosen Nächten kamen sie zur Schlucht und in mitternächtlicher Stunde zogen sie aus dem Gebein von Toten einen Zauberkreis. In diesen Bannkreis stellten sich die Wildschützen und riefen den Teufel. Erschien er, so gossen sie ihre Kugeln. Währenddessen tobten Geister und wildes Getier um diesen Zauberkreis, doch die Männer im Innern des Kreises waren gegen Angriffe von außen geschützt. Wenn der Teufel verschwand, flüchteten auch Geister und wilde Tiere. Als Lohn für ihre Freikugeln mußten die Wildschützen dem Teufel ihre Seele

81

Der Schwarze See im Böhmerwald.

verschreiben. Die Freischützen waren weithin berühmt; ihre Kugeln verfehlten ihr Ziel nie. Wenn der Teufel aber die Seele des Freischützen forderte, traf die letzte Kugel den Schützen selbst.

Vom Teufelssee aus führen gut markierte Wege nach Markt Eisenstein (Zelezna Ruda); dort ist auch ein Grenzübertritt.

(Gehzeit: ca. 4 Stunden für die einfache Gehstrecke, Höhenunterschied: maximal 718 m).

Weil nicht jeder Wanderer die nötige Zeit (oder Kondition?) für die vorstehende Tour mitbringt, die beiden Bergseen im Böhmerwald aber wirklich einen Besuch wert sind, ein weiterer Tourenvorschlag:

Manchmal spiegelglatt: der Teufelssee.

Über den Teufelssee zum Schwarzen See

Fährt man vom Grenzübergang Eisenstein nach Zelezna Ruda (Böhmisch Eisenstein) und biegt am Ortseingang links ab, so erreicht man den Spicaksattel mit einem Wanderparkplatz.

Vom Spicaksattel aus geht man an der Straße entlang ein Stück zurück Richtung Eisenstein. Etwa 100 Meter unterhalb des Hotels Rixi ist der Ausgangspunkt für den Wanderweg.

In südlicher Richtung führt der weiß-gelb-weiß markierte Weg zum „Girglhof". Auf einem breitangelegten Wandersteig überquert man mehrfach die Skiabfahrten des Spicak, bevor der Weg in einen Pfad mit Wurzeln, Steinen und kleinen Wasserläufen übergeht. Nach dem Überwinden einer kleinen Schlucht erreicht man das Ufer des Teufelssees (Certovo Jezero, 1030 m). Der See mit seinem glasklaren Wasser ist rundherum begrenzt durch die Seewand, durchsetzt mit vielen Kaskaden und

Felspartien. Der Weg zum Schwarzen See (Cerne Jezero, 1008 m) ist moorig und etwas anstrengend. Gutes Schuhwerk ist hier unbedingt erforderlich. Nach einer halben Stunde Aufstieg kommt man an den Scheitelpunkt. Rechts weiter führt der Weg zur Wasserscheide Donau–Elbe mit einem alten, zum Aussichtsturm umfunktionierten Wachturm. Von hier aus geht es in einer halben Stunde schnurgerade talwärts zum Schwarzen See. Der Schwarze See ist der größte natürliche See im Böhmerwald. Besonders beeindruckend ist die mächtige Seewand, die den Wasserspiegel um 335 Meter überragt.

Auf einer gut ausgeschilderten, asphaltierten Straße mit der bekannten weiß-gelb-weißen Markierung gehts in etwa 45 Minuten zurück zum Ausgangspunkt Spicaksattel, wo auch die einzige Einkehrmöglichkeit unmittelbar an der Wanderstrecke besteht.

An einem Tag über acht Tausender

Sind wir denn im Himalaja? – Wer glaubt, die Lamerer hätten hier übertrieben, irrt. Gemeint sind die acht Berge, deren Gipfel über einer Meereshöhe von 1000 Meter den Lamer Winkel vom Eck bis zum Großen Arber hin umkränzen.

Solange dieser Weg nur als „Kammwanderung" beworben wurde, führte er ein etwas stiefmütterliches Dasein. Nach der neuen Namensgebung will plötzlich kein Wanderer, der etwas auf sich hält, diese Königstour auslassen.

Für diese Tour, die den Fernwanderweg „Ostsee–Wachau–Adria" begleitet, empfiehlt sich ein frühzeitiger Aufbruch. Ausgangspunkt ist der Wanderparkplatz am Ecker Sattel, direkt gegenüber des Berggasthofs. Von hier aus führt der Weg östlich hinauf zum 1080 Meter hoch gelegenen Mühlriegel. Nach 45 Minuten Aufstieg ist der erste Tausender erreicht. Während sich von der Lamer Seite her der Wald bis dicht an den Gipfel heranschiebt, bietet sich nach Südosten hin ein guter Ausblick auf das Zellertal. Nach ungefähr 100 Metern Abstieg gelangt man an eine Weggabelung. Der linke Pfad führt nordöstlich teilweise sehr steil hinauf zum Ödriegel (1156 m). Das Felsengebilde dieses Gipfels fasziniert und mutet fast an wie die „Drei Zinnen" im Kleinformat. Der Ödriegel läßt nach keiner Seite hin Weitblicke zu; umgeben von hochgeschossenen Tannen ist er dunkel wie ein Schatten.

Vom Großen Arber geht der Blick über ein wahres Waldmeer in Richtung Riedelstein und Kaitersberg.

Lohberg, Lam und Arrach, eingeräumt von den Bergrücken des Hohen Bogen und Osser: Im Vordergrund der Kleine Arbersee mit schwimmenden Inseln.

Der folgende schmale Pfad führt auf einer Höhenlage von etwa 1150 Meter den Kamm entlang zum Waldwies-Marterl, einem schönen Rastplatz mit Bergkreuz. Bis zum nächsten Tausender, dem Schwarzeck (1238 m), steigt der Weg steil an. Sein langgestreckter felsiger Bergrücken hat alpinen Charakter und bietet eine prächtige Aussicht auf den Lamer Winkel mit den Orten Lam und Lohberg und im Osten auf das mächtige Ossermassiv mit seinen beiden Gipfeln. Vom östlichen Eckpfeiler des Schwarzecks folgt ein ziemlich steiler Abstieg zum Reischflecksattel, einer Waldlichtung, 1142 Meter hoch gelegen. Ein Steig in der Waldschneise führt hinauf zur Heugstatt (1261 m) mit einer hohen, freien Hochmoorfläche. Viele Wanderer nutzen diesen idyllischen Flecken als Rastplatz.

Der Kammweg verläuft weiter über den 1285 Meter hohen Enzian, einem Berg, der aufgrund des dichten Waldbestandes keine Aussicht bietet, hin zum Kleinen Arber. Nach einem kurzen aber steilen Anstieg ist der 1384 Meter hohe Gipfel erreicht. Als Lohn für diese Anstrengung winkt ein freier Ausblick auf den Großen Arber und hinab in den Lamer Winkel.

Nach kurzem Abstieg kommt man an die Chamer Hütte. Sie ist die höchstgelegene Jugendherberge in Bayern. Leider ist die Hütte kein Einkehrplatz für Wanderer.

Der Kleine Arber kann auch südöstlich, auf dem sogenannten Hochtourensteig, umgangen werden, der direkt zur Chamer Hütte führt.

Wer sich kräftemäßig verausgabt hat, kann ab hier zum Kleinen Arbersee absteigen.

Wer noch wandern will, den führt der Weg weiter zum Großen Arber. Den Arbergipfel erreicht man entweder über die sehr steile und steinige Waldschneise, die sogenannte Himmelsleiter, oder aber auf dem bequemeren, etwas längeren Weg durch die Bodenmaiser Mulde.

Der Große Arber ist mit 1456 Metern der höchste Berg des Bayerischen Waldes. Sein Gipfel gliedert sich in vier Felsgruppen. Über dem Arberschutzhaus der Hauptgipfel mit Kreuz, südöstlich an der Arberkapelle der Große Seeriegel, südwestlich an der Bodenmaiser Mulde der Richard-Wagner-Kopf und westlich der Kleine Seeriegel.

Überall bietet sich hier ein herrlicher Rundblick. Vom Gipfelkreuz aus steigen wir den Osthang hinab zum Arberschutzhaus. Es ist die einzige Einkehrmöglichkeit vom Eck bis zum Arber und zur Bergstation des Arbersesselliftes.

Über den Schmugglerpfad und den Arbernordhang, vorbei an der Bergwachthütte der Lamer Bereitschaft, kommt man zum Sonnenfelsen. Auch hier verspricht ein Berggasthof angenehmen Aufenthalt. Bis zum Brennes sind es dann noch etwa 30 Minuten.

Von hier besteht die Möglichkeit Lohberg und Lam mit einem Linienbus zu erreichen.

(Gesamtgehzeit: ca. 6 bis 7 Stunden)

Gipfelrast am Großen Arber: Ausblick gratis.

Den Wandertag gemütlich ausklingen lassen. Immer beliebter: Brotzeit auf einem Einödhof bei den Waldbauern.

Hier im Arbermassiv, im Quellgebiet des Weißen Regens, 919 Meter über dem Meeresspiegel, liegt einer der schönsten Bergseen des Bayerischen Waldes.

Entstanden ist der See, wie alle anderen Bergseen im Wald auch, als Überbleibsel der letzten Eiszeit. Findlingsblöcke an seinen Ufern, Moränenwellen und im Seeloch sichtbar werdender Gletscherschliff erinnern daran. Nach Verlandungen war er schließlich nur noch 2,9 Hektar groß. Durch den Anstau im vergangenen Jahrhundert, 1885 für die Holztrift, ist er wieder gewachsen und mißt heute etwa 9,4 Hektar. Der See weist eine mittlere Tiefe von 2,70 Meter auf. An seiner tiefsten Stelle ist der Kleine Arbersee immerhin 10 Meter tief. Sein dunkles Wasser läßt ihn an manchen Tagen unergründlich erscheinen.

Weithin bekanntes Kennzeichen des Kleinen Arbersees sind die – zumindest für Bayern – einmaligen „schwimmenden Inseln". Es ist nicht ganz sicher, ob die Inseln schon bei der Bildung des Sees durch den Gletscher entstanden sind, oder sich erst mit dem Anstauen des Sees vom Ufer oder vom Untergrund gelöst haben. Die drei Inseln, deren Flächen etwa ein Drittel der Seefläche ausmachen und die eine Mächtigkeit von zwischen 1,5 bis 3,5 Metern besitzen, sind schwimmende Zwischen- bzw. Hochmoore mit fast senkrecht abfallenden Ufern. Auf den Inseln wachsen überwiegend Schwingrasen, daneben aber auch eine unglaubliche Vielfalt an Moorpflanzen, wie Moos- und Rauschbeere, Sumpfblutauge, Fieberklee, Schlammsegge und Wollgras. Durch Samenflug haben sich auch andere Pflanzen festgesetzt, sogar schütterer Baumwuchs findet sich auf dem schwankenden Grund.

Zum Kleinen Arbersee

Von Sommerau, einem Ortsteil von Lohberg, führt eine schmale Straße zum Kleinen Arbersee. Das Befahren ist nur Forstbediensteten zur Versorgung der kleinen, gemütlichen Seegaststätte erlaubt. Alle anderen müssen zu Fuß gehen. Entweder vom Parkplatz an der Reißbrücke hinter Sommerau oder vom Brennes aus über die Mooshütte. Naturfreunde kommen schon hier auf ihre Kosten: Am Weg von Sommerau zum See blüht das Gefleckte Knabenkraut, eine der schönsten einheimischen Orchideenarten.

Dadurch, daß er nur für Wanderer „geöffnet" ist, hat sich der Kleine Arbersee, im Gegensatz zum Großen Arbersee auf der anderen Seite des Bayerwaldkönigs, noch etwas von seiner Abgeschiedenheit und Ursprünglichkeit bewahren können.

Die Inseln hätten den See wahrscheinlich längst zweigeteilt, wenn nicht ein künstlicher Durchgang aufrecht erhalten würde. Ohne diese Eingriffe würde aus dem See ein Filz (Moor) und schließlich festes Land.

Außer im Südwesten reicht der Wald überall bis an den See heran. Jäh und unbezwingbar ragt die Seewand mit ihrem Urwald aus ihm hervor.

Seit 1959 zum Naturschutzgebiet erklärt, sind Urwald und See durch einen Rundweg hervorragend erschlossen.

Durch die besondere Attraktivität des Kleinen Arbersees ist dieses herrliche Stück Natur leider auch gefährdet, deshalb gilt für die Inseln und Verlandungszonen ein strenges Betretungsverbot.

Trotzdem, oder vielleicht auch gerade deshalb, bleibt ein Rundgang um den Kleinen Arbersee ein Naturerlebnis der besonderen Art.

Ein Muß für jeden Wanderer und Naturliebhaber: Der Kleine Arbersee gehört zu den schönsten Bergseen im Bayerischen Wald.

Mehr als nur Jahreszeit –
Winter im Lamer Winkel

Es ist Winter im Bayerischen Wald – Wälder, Wiesen und Felder stehen in weißem Reif. Schneekristalle glänzen wie weiße, sprühende Funken und die ohnehin saubere Luft ist noch frischer und klarer als sonst.

Die Stille tut gut. Nicht umsonst heißt es, Winterurlaub sei doppelter Urlaub. Man erholt sich einfach noch besser bei gemütlichen Spaziergängen durch die tief verschneite Landschaft und genießt an sonnigen Tagen die weiße Idylle unter dem blauen Himmel, der jetzt im Winter noch tiefer blau erscheint als sonst.

Und scheinbar hat man jetzt auch mehr Zeit: zum Schwimmen und Entspannen im Osserbad, zum Rodeln und Schneemannbauen mit den Kindern, für eine Fahrt mit dem Pferdeschlitten, zum Lesen oder einfach nur zum Träumen.

Der Lamer Winkel hat aber auch Freunde, denen die weiße Pracht wichtiger ist als alles andere. Die Wintersportler erwartet mit größter Sicherheit genügend Schnee. Nahezu paradiesische Zustände finden Langläufer. Als besonders schneesicher zeigt sich jedes Jahr das Langlaufzentrum Scheiben in einer Höhe von über 1000 Metern. Über 25 Kilometer gut gespurte und gepflegte Loipen, familiengerecht angelegt, sind von Mitte Dezember bis Anfang April als schneesicher zu bezeichnen.

In schneereicheren Wintern kommen auch die Liebhaber von sonnigen, ortsnahen Loipen voll auf ihre Kosten. Die Loipe ab Ortsausgang Lam in Richtung Lambach (Langlaufzentrum mit ca. 20 Kilometer leichten und mittelschweren Loipen) erleichtert vor allem für Einsteiger und weniger Geübte die ersten Schritte auf den schmalen Brettern.

Seit dem Winter 1994/95 gibt es entlang des Arberkamms eine der schönsten Höhenloipen

*Lam, auch im Winter
ein begehrtes Reiseziel.
Deutlich dominiert
die Pfarrkirche das
Ortsbild.*

*Hoch über
dem Alltag:
Gipfeltour am Arber.*

Viel Schnee und der Böhmische Wind vollbringen ein Wintermärchen.

Bayerns, rund 30 Kilometer lang, ausgehend vom Eck bis hin zum Langlauf-Dorado des Bayerischen Waldes schlechthin, dem Bretterschachten.

Wintersportler oder nicht, was wäre ein Winterurlaub im Lamer Winkel ohne einen Besuch des Berges, der ganz wesentlich zum Ruf der Schneesicherheit des Bayerischen Waldes mit beigetragen hat, dem Großen Arber.

Seit Mitte der siebziger Jahre der internationale Skizirkus die Hänge am Arber für alpine Weltcup-Rennen entdeckt hat, wurde aus dem bisherigen Hausberg der einheimischen Skifahrer ein Treffpunkt für Skibegeisterte aus der näheren und weiteren Umgebung. Vor allem die sichere Schneelage von Anfang Dezember bis Mitte April machte das Arber-Skigebiet in den letzten Jahren zum Magnet für

Skifahrer, die den Reiz der Mittelgebirgslandschaft den föhnanfälligen Alpenhängen vorziehen.

Insgesamt 7,5 Kilometer gepflegte Pisten in verschiedenen Schwierigkeitsgraden stehen den „Alpinen" zur Verfügung.

Auch für den Fall, daß es Frau Holle mal nicht ganz so gut mit uns meint, oder die Sonne bestimmte Passagen der Piste zu schnell ausapern läßt, hat man vorgesorgt: eine der modernsten Beschneiungsanlagen in Europa kann diese neuralgischen Punkte mit der weißen Pracht versorgen – sozusagen über Nacht.

Der Arber, Schneekönig der Region, hat aber auch Nicht-Skifahrern einiges zu bieten. Nach einer Gipfelfahrt mit dem Sessellift kommt man an sonnigen Tagen in den Genuß einer Wintersonne, die jedes Solarium um Längen schlägt. Und erst die Ausblicke in die

Umgebung: die „Arber-Mandl", vom kräftigen Wind in allerlei Fabelgestalten verzauberte Bäume, beeindrucken nicht nur beim ersten Anblick. Mit etwas Phantasie entdeckt man da die „Heiligen Drei Könige", Dinosaurier oder gar Politikerköpfe!

Nicht vergessen seien aber auch die Skigebiete am Eck und am nahen Hohen Bogen, die, wenn auch nicht so schneereich wie der Arber, gute Abfahrtsmöglichkeiten bieten. Das Fehlen der großen Schneehöhen und der langen Abfahrten gleicht man hier durch überdurchschnittliche Pistenpflege aus – für etwas Ungeübtere ein nicht zu unterschätzender Vorteil. Ideal für Familien mit kleinen Kindern ist ein spezieller Kinderlift an der Talstation.

Der Hohe Bogen bietet auch im Sommer viel Abwechslung. Neben der längsten Doppelsesselbahn des Bayerischen Waldes dürfen auch die Sommerrodelbahn und die besonders bei Kindern sehr beliebte Freizeitanlage an der Talstation nicht unerwähnt bleiben.

Für den „Wintersportler", der die Landschaft geruhsamer erleben möchte, bieten sich auch im Winter verschiedene Wandermöglichkeiten an: Der winterliche Spaziergang „Rund um Lam", ausgehend vom Parkplatz am neuen Kurpark hinunter zur Ginglmühle, weiter Richtung Frahels, auf der alten Frahelser Straße vorbei an der verschneiten Totenbrettergruppe, bietet immer wieder herrliche Ausblicke auf die Bergkette der „acht Tausender" und zum Hausberg Osser. Von Frahels weiter auf der wenig befahrenen Straße nach Engelshütt, wo sich – je nach Lust und Laune – eine Verlängerungsmöglichkeit über Schmelz nach Lambach oder Oberschmelz zurück nach Lam bietet.

Rodelspaß unter dem weißen Osser.

Blick vom Arber über die Bodenmaiser Mulde.

Bizarre Gebilde und Formen zaubert der Frost in die Kaskaden zahlloser Bäche.

Vor allem im Winter gern begangen wird der Weg über Lissen zu den Einödhöfen der Waldbauern. Durch den Winterwald zu beiden Seiten der Straße zu laufen und dann eine der warmen, gastfreundlichen Bauernstuben aufzusuchen und sich an echt waldlerischen Spezialitäten zu stärken, ist nicht nur für gestreßte Großstädter eine wohltuende Abwechslung.

Immer wieder führen die Wege zum Osser. In der Winterzeit aber wird der Aufstieg beschwerlicher. Von Lam aus über ausgetretene Fußpfade zum Bergkircherl Maria Hilf mit der Gaststätte „Zur Rast", weiter zum selten befahrbaren Wanderparkplatz am Sattel. Da vor allem Einheimische ihrem Osser auch im Winter die Treue halten, führt eine Reihe von Fußwegen durch den Hochwald. Anstrengend und schweißtreibend ist der Aufstieg be-

*Ruhe kehrt ein nach einem
hektischen Skitag. Abendstimmung am Arber
mit Richard-Wagner-Kopf.*

stimmt, aber die Mühe lohnt sich. Allein der Anblick des tief „verwachelten" Schutzhauses, das sich vor dem Böhmischen Wind noch enger an den Gipfelfels zu drücken scheint, entschädigt. Und natürlich die Vorfreude auf die Einkehr im Osser-Schutzhaus, auf das Hinrücken zum warmen Ofen, auf eine kräftigende Brotzeit und einen Jagertee.

Die matten Lebensgeister sind schnell wieder geweckt, und wer dies einmal erlebt hat, der wird immer wieder, auch im Winter, dem Berg zustreben und drunten im Tal Lam zurücklassen und das Land unterm Osser.

*Moderne Aufstiegshilfen erschließen
die Wintersportgebiete.*